BENCH MARKING

Para um Desempenho Superior

Dr. Marcos R. Albertin
Dr. Sérgio J. B. Elias
Dr. Dmontier P. Aragão Jr.

BENCH MARKING

Para um Desempenho Superior

Manual Teoria Prática

ALTA BOOKS
E D I T O R A
Rio de Janeiro, 2021

Benchmarking para um Desempenho Superior
Copyright © 2021 da Starlin Alta Editora e Consultoria Eireli. ISBN: 978-85-508-0475-0

Todos os direitos estão reservados e protegidos por Lei. Nenhuma parte deste livro, sem autorização prévia por escrito da editora, poderá ser reproduzida ou transmitida. A violação dos Direitos Autorais é crime estabelecido na Lei nº 9.610/98 e com punição de acordo com o artigo 184 do Código Penal.

A editora não se responsabiliza pelo conteúdo da obra, formulada exclusivamente pelo(s) autor(es).

Marcas Registradas: Todos os termos mencionados e reconhecidos como Marca Registrada e/ou Comercial são de responsabilidade de seus proprietários. A editora informa não estar associada a nenhum produto e/ou fornecedor apresentado no livro.

Impresso no Brasil — 1ª Edição, 2021 — Edição revisada conforme o Acordo Ortográfico da Língua Portuguesa de 2009.

Produção Editorial Editora Alta Books	**Produtor Editorial** Illysabelle Trajano Thiê Alves	**Coordenação de Eventos** Viviane Paiva comercial@altabooks.com.br	**Equipe de Marketing** Livia Carvalho Gabriela Carvalho marketing@altabooks.com.br
Gerência Editorial Anderson Vieira	**Assistente Editorial** Ian Verçosa	**Assistente Comercial** Filipe Amorim vendas.corporativas@altabooks.com.br	**Editor de Aquisição** José Rugeri j.rugeri@altabooks.com.br
Gerência Comercial Daniele Fonseca			
Equipe Editorial Luana Goulart Maria de Lourdes Borges Raquel Porto Rodrigo Dutra Thales Silva	**Equipe de Design** Larissa Lima Marcelli Ferreira Paulo Gomes	**Equipe Comercial** Daiana Costa Daniel Leal Kaique Luiz Tairone Oliveira	
Revisão Gramatical Priscila Gurgel Rodrigo Peixoto	**Capa** Joyce Matos	**Diagramação** Luisa Maria Gomes	

Publique seu livro com a Alta Books. Para mais informações envie um e-mail para autoria@altabooks.com.br

Obra disponível para venda corporativa e/ou personalizada. Para mais informações, fale com projetos@altabooks.com.br

Erratas e arquivos de apoio: No site da editora relatamos, com a devida correção, qualquer erro encontrado em nossos livros, bem como disponibilizamos arquivos de apoio se aplicáveis à obra em questão.

Acesse o site **www.altabooks.com.br** e procure pelo título do livro desejado para ter acesso às erratas, aos arquivos de apoio e/ou a outros conteúdos aplicáveis à obra.

Suporte Técnico: A obra é comercializada na forma em que está, sem direito a suporte técnico ou orientação pessoal/exclusiva ao leitor.

A editora não se responsabiliza pela manutenção, atualização e idioma dos sites referidos pelos autores nesta obra.

Ouvidoria: ouvidoria@altabooks.com.br

Dados Internacionais de Catalogação na Publicação (CIP) de acordo com ISBD

A334b   Albertin, Prof. Dr. Marcos R.
         Benchmarking para um Desempenho Superior: Manual, Teoria e Prática / Prof. Dr. Marcos R. Albertin, Prof. Dr. Sérgio J. B. Elias, Prof. Dr. Dmontier P. Aragão Jr. - Rio de Janeiro : Alta Books, 2021.
         224 p. : il. ; 17cm x 24cm.

         Inclui anexo e bibliografia.
         ISBN: 978-85-508-0475-0

         1. Administração de empresas. 2. Benchmarking. 3. Desempenho. 4. Análise da concorrência. I. Elias, Prof. Dr. Sérgio J. B. II. Aragão Jr., Prof. Dr. Dmontier P. III. Título.

2021-161   CDD 658.401
                                                            CDU 658.011.4

Elaborado por Odílio Hilario Moreira Junior - CRB-8/9949

Rua Viúva Cláudio, 291 — Bairro Industrial do Jacaré
CEP: 20.970-031 — Rio de Janeiro (RJ)
Tels.: (21) 3278-8069 / 3278-8419
www.altabooks.com.br — altabooks@altabooks.com.br
www.facebook.com/altabooks — www.instagram.com/altabooks

ALTA BOOKS
EDITORA

>> Sobre os Autores

Professor Doutor Marcos Albertin possui graduação em Engenharia Mecânica pela PUC-RS (1983), especialização em Saúde e Segurança do Trabalho pela FENVA-MG (1998), mestrado em Engenharia Industrial pela Fachhochschule Bochum (1993) e doutorado em Engenharia de Produção pela UFRGS (2003). Atualmente, é professor associado do Centro de Tecnologia da UFC. Trabalhou em empresas como: Mangels, Zahnrad Fabrik, OPEL, Marcopolo e DANA. Possui experiência em ISO 9001, TS 16949, Sistema Toyota de Produção e Gestão da Qualidade. Possui pós-doutorado no Bremer Institut für Produktion und Logistik (2009), em Monitoramento de Sistemas Produtivos e no IPK – Fraunhofer (2013), em Benchmarking. Em 2016, realizou estágio em Qualidade no Ensino Superior na Universidade Técnica de Viena (TU WIEN). Em 2018 realizou capacitação em pesquisa em Berlim.

Professor Doutor Sérgio Jose Barbosa Elias possui graduação em Engenharia Mecânica pela UFC (1982), em Administração de Empresas pela UECE (1984) e mestrado (1999) e doutorado (2011) em Engenharia de Produção pela Universidade Federal de Santa Catarina. Atualmente, é professor da Universidade Federal do Ceará e consultor de empresas. É consultor do Programa de Ferramentas de Gestão Avançada (FGA) do SEBRAE e consultor credenciado do Programa Benchmarking Industrial do IEL-CE/IEL-SC. Possui experiência na área de Qualidade, Produtividade e Gestão Empresarial, com ênfase em Planejamento e Controle da Produção (PCP), Produção Enxuta, Métodos e Processos, Gestão da Qualidade (ISO 9000), Ergonomia e Planejamento Estratégico.

Professor Doutor Dmontier Pinheiro Aragão Junior Graduado em Ciências da Computação pela UFC (2004), mestre em Engenharia de Transportes também pela UFC (2009) onde desenvolveu metodologia de monitoramento de arranjos produtivos e com doutorado em Engenharia de Produção na UFSC (2014), quando estudou a colaboração em sistemas multiagentes na roteirização dinâmica de veículos. Fez parte de projetos nacionais e internacionais na área de transporte, logística, arranjos produtivos, sistemas de informações e software livre. Atualmente é professor na Universidade Federal do Ceará no campus Russas onde pesquisa principalmente Roteirização Dinâmica de Veículos, Sistemas Especialistas e Metodologias de Benchmarking.

>> Agradecimentos

Agradecemos à Indústria Naval do Ceará S.A (INACE) a gentileza de ter permitido que relatássemos seu caso neste livro, o que certamente contribuiu para mostrar como as boas práticas de gestão podem gerar resultados efetivos para as organizações e para ressaltar a necessidade de melhorar sempre, em um processo de evolução contínua, algo imperioso para as empresas que buscam o sucesso.

>> Sumário

Prefácio	xvii
Prefácio dos Autores	xix
Capítulo 1: Introdução ao Benchmarking	1
1.1. A história do Benchmarking	3
1.1.1. A Evolução do Benchmarking	8
1.2. Conceitos e definições	10
1.2.1. Benchmarking *versus* Benchmark	10
1.2.2. Benchmarking como ferramenta gerencial	12
1.2.3. Classificação do porte de uma empresa	15
1.2.4. Terminologia	16
1.2.5. Sistema de medição de desempenho	18
1.3. Importância estratégica e benefícios do benchmarking	20
1.4. Aplicações e desafios do benchmarking	22
Capítulo 2: Tipos de Benchmarking	25
2.1. Conforme o objeto (O que comparar?)	25
2.2. Conforme o parâmetro (Performance *versus* Práticas)	26
2.3. Conforme a aplicação (Onde comparar?)	27
2.4. Conforme a empresa parceira (Com quem comparar?)	27
2.5. Outras denominações de benchmarking	29
Capítulo 3: Modelos de Benchmarking	33
3.1. Modelos clássicos	33
3.2. Benchmarking Consorcial (BC)	38
3.3. Benchmarking de Processos (BP)	39
3.4. Promoting Business Excellence (PROBE) e Microscope	41
3.5. Benchmarking Index (BMindex)	52
3.6. Modelo Integrado (MI) do IPK	58
3.7. Benchmarking Industrial (BI-IEL) e Benchstar	68
3.8. SIMAP Boas Práticas	70
3.9. A fábrica do ano: Prêmio Global Excellence of Operations (GEO)	77
3.10. Comparativo entre os modelos de benchmarking	80

Capítulo 4: Boas Práticas do Benchmarking 83
    4.1. Considerações de Robert Camp 83
    4.2. Benchmarking para PMEs 86
    4.3. Fatores de sucesso na realização de um benchmarking 87
    4.4. As principais armadilhas na realização de um benchmarking 88
    4.5. Dicas na elaboração de projetos de benchmarking 89
    4.6. Recursos necessários para benchmarking 90
    4.7. Ética no benchmarking 92
    4.8. Organizações e programas de benchmarking 93

Capítulo 5: Ferramentas para *Internet Benchmarking* 95
    5.1. Variáveis e escalas 96
    5.2. Estudos estatísticos 98
        5.2.1. Estudos de correlação 98
        5.2.2. Análise de Boxplot 103
        5.2.3. Análise de Scatterplot 105
        5.2.4. Input versus Output 107
        5.2.5. Teoria de Resposta ao Item (TRI) 108
    5.3. Softwares para benchmarking 115

Capítulo 6: Estudos de Casos de Benchmarking 119
    6.1. BMindex na indústria portuguesa de componentes automotivos 119
    6.2. Estudo de caso Xerox 124
    6.3. Panorama industrial das empresas cearenses através do SIMAP Boas Práticas 128
    6.4. Desenvolvimento do SIMAP Competitivo 134
    6.5. Benchmarking como impulsionador da melhoria organizacional: O Caso da INACE 143
        6.5.1. Aplicação do Benchmarking Industrial 143
        6.5.2. O Processo de Planejamento Estratégico 148
        6.5.3. Impactos das melhorias da gestão nas áreas do Modelo do Benchmarking Industrial 155

Capítulo 7: Considerações Finais 157

Referencial 163

Anexo A: BMindex Questionário 169
Anexo B: Indicadores quantitativos do BMindex 172
Anexo C: Questionário UNIDO/PROBE 175
Anexo D: Indicadores qualitativos do SIMAP 186
Anexo E: A Fábrica do Ano 190
Anexo F: Indicadores do SIMAP Competitivo e Dados para Composição 195
Anexo G: Dados para Composição dos Indicadores, Fontes e Conceitos 197

Lista de Conteúdos 201

>> Lista de Figuras

Figura 1.1: Estrutura do livro — 3
Figura 1.2: Desenvolvimento cronológico do Benchmarking — 8
Figura 1.3: A evolução do *benchmarking*. Fonte: Kyrö, 2003 — 10
Figura 1.4: Benchmarking *versus* Benchmark — 11
Figura 1.5: O que é benchmarking? — 13
Figura 1.6: Classificação de PME na Comunidade EuropEia. — 15
Figura 1.7: Classificação de PME no Brasil — 16
Figura 1.8: Definição de Práticas — 17
Figura 1.9: Evolução das medidas de desempenho. Fonte: Hon (2006). — 19
Figura 1.10: Benefícios do benchmarking. Adaptado de Camp (1994) — 21
Figura 1.11: Tendências atuais e futuras do benchmarking. — 24

Figura 2.1: Tipos de benchmarking — 30
Figura 2.2: Matriz de relacionamento adaptada de Bhuta e Huq (1999) — 31
Figura 2.3: Exemplos, vantagens e desvantagens do benchmarking empresarial — 31

Figura 3.1: Métodos clássicos de benchmarking — 33
Figura 3.2: Modelos estruturados — 38
Figura 3.3: O método de cinco fases do IPK — 40
Figura 3.4: Exemplos de Práticas. — 43
Figura 3.5: Exemplos de *Performance*. — 44
Figura 3.6: Matriz Práticas *versus* Performance — 45
Figura 3.7: Áreas do PROBE — 47
Figura 3.8: Benchmarking Práticas *versus* Performance — 50
Figura 3.9: Análise Boxplot — 51
Figura 3.10: Potencial de Melhoria (Diferença em relação às líderes) — 51
Figura 3.11: Estrutura dos indicadores do BMindex (Kohl, 2007) — 54
Figura 3.12: Codificação SIC/NACE — 55
Figura 3.13: Critério para o posicionamento de uma empresa — 56
Figura 3.14: Posicionamento das empresas — 57
Figura 3.15: Relação causa-efeito entre perspectivas e indicadores — 59
Figura 3.16: Relação dos indicadores e processos industriais — 59
Figura 3.17: Posicionamento estratégico do Observatório Tecnológico (OT) — 71
Figura 3.18: Estrutura do SIMAP — 72
Figura 3.19: Empresa benchmarking e desempenho por porte — 74
Figura 3.20: Cadeias Produtivas mapeadas no SIMAP — 74
Figura 3.21: Elos da cadeia produtiva eletroeletrônica — 75

Figura 3.22: Modelo de avaliação GEO 77
Figura 3.23: Estrutura do questionário 78
Figura 3.24: Desempenho GEO 79
Figura 3.25: Comparativo dos modelos de benchmarking 82

Figura 4.1: Processo genérico de benchmarking (Camp, 1994) 84
Figura 4.2: Projeção de desempenho futuro. Adaptado de Camp (1994) 85
Figura 4.3: Benchmarking e as medidas de desempenho 86
Figura 4.4: Organizações e programas de benchmarking 93

Figura 5.1: Tipos de variáveis Baseado em Morettin (2002) e Santos (2007) 97
Figura 5.2: Índices de correlação 99
Figura 5.3: Boxplot aplicado À gestão da produção (GP02) 104
Figura 5.4: Scatterplot para sistemas de gestão integrada. 107
Figura 5.5: Análise *Input versus Output* 107
Figura 5.6: Curva Característica do Item 108
Figura 5.7: Matriz de curvas características dos itens. 114

Figura 6.1: Estudos de casos 119
Figura 6.2: Caracterização da amostra do estudo de benchmarking 120
Figura 6.3: Empresas parceiras da Xerox para realizar benchmarking 127
Figura 6.4: Desempenho médio, por porte da empresa, no Ceará 129
Figura 6.5: Desempenho médio, por porte da empresa,
      no critério de gestão de processos 130
Figura 6.6: Comparação das médias das cadeias produtivas do Ceará 133
Figura 6.7: Empresa benchmarking e desempenho médio
      da cadeia automotiva no Ceará 133
Figura 6.8: Relação das fontes utilizadas para determinação dos
      indicadores utilizados pelo SIMAP Competitivo 135
Figura 6.9: Indicadores do SIMAP Competitivo 138
Figura 6.10: Minha empresa ganha dinheiro suficiente? 140
Figura 6.11: Minha empresa é estável? 141
Figura 6.12: Minha empresa cresce? 142
Figura 6.13: Minha empresa inova? 142
Figura 6.14: Áreas da INACE avaliadas pelo *Benchmarking* Industrial 146
Figura 6.15: Apresentação feita pelos colaboradores dos
      temas prioritários para ações de melhoria 147
Figura 6.16: Processo estratégico 148
Figura 6.17: Visão geral do mapa estratégico da INACE (com adaptações) 150
Figura 6.18: Visão parcial do SIPOC da unidade de serviços de apoio industrial 152
Figura 6.19: Descrição parcial de um procedimento elaborado pela INACE 154
Figura 6.20: Gestão por indicadores 155

>> Lista de Tabelas

Tabela 3.1: Classificação na matriz práticas *versus performance* — 46
Tabela 3.2: Classificação agregada práticas *versus performances* — 47
Tabela 3.3: Índices de rentabilidade — 61
Tabela 3.4: Índices financeiros — 62
Tabela 3.5: Índices da produtividade dos processos internos — 62
Tabela 3.6: Índices do crescimento financeiro — 63
Tabela 3.7: Índices da satisfação do cliente — 64
Tabela 3.8: Índices da gestão de pessoas — 64
Tabela 3.9: Índices da satisfação — 65
Tabela 3.10: Índices de investimentos — 66
Tabela 3.11: Índices de inovação — 66
Tabela 3.12: Índices de eficiência do sistema produtivo — 67
Tabela 3.13: Índices de fornecedores — 68

Tabela 4.1: Recursos e duração estimados para o benchmarking — 91

Tabela 5.1: Correlações entre as boas práticas da produção — 102
Tabela 5.2: Itens, gestão e grau de discriminação (ai). — 110
Tabela 5.3: Ranking das empresas ordenado pela maturidade teta. — 111

Tabela 6.1: Indicadores de rentabilidade — 121
Tabela 6.2: Indicadores de inovação — 122
Tabela 6.3: Indicadores de satisfação dos colaboradores — 123
Tabela 6.4: Indicadores de produtividade — 123
Tabela 6.5: Amostragem do SIMAP das empresas cearenses — 128
Tabela 6.6: Desempenho das empresas cearenses no SIMAP — 131
Tabela 6.7: Maiores gaps da cadeia automotiva e componentes — 134
Tabela 6.8: Ações de melhoria (Albertin, Elias e Aragão Jr.) — 156

>> Lista de Abreviatura e Siglas

Sigla	Nome	Significado
AFIA	Associação de Fabricantes para a Indústria Automóvel	Fabricantes portugueses de componentes automotivos de Portugal
APQC	American Productivity and Quality Center	Centro Americano de Qualidade e Produtividade
APs	Arranjos Produtivos	Formas de organização dos sistemas produtivos (Redes, clusters, cadeias produtivas, SCM etc)
BC	Benchmarking Consorcial	Modelo de benchmarking envolvendo várias empresas
BP	Benchmarking de Processos	Modelo de benchmarking baseado em processos
BMindex	Benchmarking Index	Modelo de benchmarking com dados contínuos
CB	Centro de Benchmarking	Organização especializada em projetos de benchmarking
CNI	Confederação Nacional da Indústria	---
EFQM	European Foundation for Quality Management	Fundação do Prêmio Europeu da Qualidade
ERP	Enterprise Resource Planning	Sistemas integrados de gestão empresarial
ESBN	The European SME BM Network	Rede de Benchmarking europeu para PMEs
EU	European Union	União Europeia ou Comunidade Europeia
EUA	United States of America (USA)	Estados Unidos da América
GBN	Global Benchmarking Network	Rede global de benchmarking
GEO	Global Excellence of Operations	Critérios do benchmarking Fábrica do Ano
IBC	Internacional BM Clearinghouse	Centro de Benchmarking dos EUA

Benchmarking – Manual, Teoria e Prática

Sigla	Nome	Significado
IEL/SC	Instituto Euvaldo Lodi de Santa Catarina	---
IPK	Fraunhofer Institut für Produktionsanlagen und Konstruktionstechnik	Instituto Fraunhofer para Sistemas de Produção e Design
ISO	International Standardization Organization	Organização Internacional para Normatização
IZB	Informatioszentrum für Benchmarking	Centro de Informação para Benchmarking (IZB) do IPK
JIT	Just in time	Entregas na quantidade, local e prazo acordado
MI	Modelo integrado de benchmarking (do IPK)	Este modelo integra os modelos BP e o BMindex
NACE	Nomenclature général des activés économiques dans les CE	Classificação de atividades industriais da comunidade europeia
OEE	Overall Equipment Effectiveness	Índice que mede a Eficiência Global de Equipamentos
OEM	Original Equipment Manufacturer	Fabricantes de veículos como Fiat, Volkswagen e Toyota
OT	Observatório Tecnológico	Laboratório do SIMAP da Universidade Federal do Ceará
PME(s)	Pequenas e médias empresas	O mesmo que SMEs
PPM	Partes por milhão	Número de defeitos encontrados a cada um milhão de peças fabricadas
PROBE	Promoting Business Excellence	Modelo de Benchmarking
REACTE	Regions Enterprises European Transnational Co-operation Actions	Estudo europeu de 2000 a 2002 usando o BMindex
SCM	Supply Chain Management	Gestão da cadeia de suprimentos
SIC	Standard Industrial Classification Code	Codifica 961 atividades industriais
SIMAP	Benchmarking and Monitoring System of Productive Arrangements	Sistema de Benchmarking e Monitoramento de Arranjos Produtivos

SME(s)	Small-Medium Enterprise(s)	Pequenas e médias empresas (PMEs)
VDMA	Verband Deutcher Machinen-und Anlagebau	Associação Alemã de Fabricantes de Máquinas e Instalações

- Benchmarking não é uma receita de bolo na qual será necessário somente ver os ingredientes para alcançar o sucesso. Robert Camp.
- Estar ciente das lacunas de desempenho é considerado importante, mas é nas ações sobre estas informações onde se encontram os reais benefícios. David Irwin.
- Benchmarking é uma forma de se afastar do tradicional. M. Khurrum S. Bhutta.
- Benchmarking é ter a iniciativa para comparar e fazer melhor. Marcos R. Albertin.

>> Prefácio

O uso do Benchmarking como ferramenta disponibilizada às empresas para aprimorar sua gestão é relativamente recente: a técnica começou a ser utilizada, pela Xerox, em 1997. Seus princípios, entretanto, se perdem nos dédalos da História. Segundo os autores do "Manual do Benchmarking", desde os primórdios o homem buscou o aprendizado através da natureza, observando plantas e animais, a fim de desenvolver a capacidade de prover seu sustento e o da família.

Benchmarking não é mais do que isso. Através dele, se procede a uma comparação contínua dos produtos, serviços e práticas empresariais, tomando-se como parâmetro os mais fortes concorrentes ou aquelas empresas reconhecidas como líderes no mercado. Assim, se atingem os índices desejados de superioridade e de vantagem competitiva.

Pela importância da nova ferramenta, em um cenário cada vez mais competitivo e no qual as mudanças ocorrem em ritmo acelerado, impõe-se uma divulgação mais ampla do Benchmarking, preferencialmente de uma forma didática, descomplicada, como a que emprega este Manual. As ideias e conceitos vão aqui "traduzidos" para o grande público, com a preocupação maior de democratizar o conhecimento.

O resultado é este livro, que surpreende por reunir tanto conteúdo em tão poucas páginas. Aqui se explica, pormenorizadamente, o que é o Benchmarking, quais são seus benefícios e tendências, seus métodos, exemplos clássicos e processos genéricos, dentre outros conteúdos. A pioneira Xerox inspira estudo de caso. Em seguida, apresenta-se um panorama das indústrias cearenses, descrevendo-se seu desempenho nas práticas de gestão. Os estudos de casos descrevem de maneira objetiva e atual a aplicação do benchmarking. Observa-se, a propósito, que há exemplos de boas práticas, mas elas não estão presentes na maioria das empresas.

É hora, pois, de disseminar o emprego do Benchmarking em favor das nossas empresas, o que, em um horizonte mais amplo, há de levar resultados positivos a toda a sociedade. Para nós, que fazemos a Universidade, é alentador vermos a instituição acadêmica inserindo-se, à sua maneira, nesse cenário instigante de transformações, em que a busca e aplicação de novos conhecimentos se tornam elementos vitais no jogo das boas práticas que orientam a gestão inovadora e sustentável.

Professor Doutor Jesualdo Pereira Farias
Ex-Reitor da Universidade Federal do Ceará

>> Prefácio dos Autores

A globalização sinaliza e determina à empresa alta flexibilidade e foco constante na competição. Por um lado, o desenvolvimento empresarial exige a continuidade com processos estáveis e capazes, e, por outro lado, o mercado exige uma elevada flexibilidade com requisitos cada vez maiores de qualidade. Para alcançar o equilíbrio, as empresas precisam melhorar e inovar continuamente. As condições atuais para competir forçam as empresas a melhorar continuamente em cada área de atuação empresarial.

A comparação clássica de empresas, com base em custos, reduz as possibilidades de uma abordagem de melhoria integral. Devido a isso, elas estão cada vez mais forçadas a pensar de forma diferente e mais abrangente do que uma análise puramente focada em custos, que pode resultar em perdas de participação de mercado. É muito mais importante compreender os métodos e processos empresariais de forma transparente e, baseado em fatos, realizar as mudanças necessárias.

Em um ambiente pós-pandemia, em que o isolamento social alterou as estruturas de relações trabalhistas e profissionais, tornando mais comuns atividades remotas e via web, o ensino a distância, o home office, o uso de softwares de videoconferências, é reforçado o papel do benchmarking na busca das melhores práticas empresariais nesse novo ambiente também chamado de "novo normal".

Benchmarking é uma ferramenta útil para lidar com as mudanças necessárias. Através do benchmarking são mapeados e analisados os métodos e processos de uma empresa e estabelecidos objetivos. Apenas uma análise qualitativa e quantitativa dos processos permite uma avaliação objetiva dos parâmetros de desempenho individual e sua alteração. Consequentemente, o benchmarking é uma ferramenta em longo prazo para direcionar e determinar as competências essenciais e futuras, bem como para melhorar os principais processos. A grande vantagem do benchmarking reside na reflexão objetiva das diferenças de desempenho descritas através de processos e indicadores. As análises de benchmarking disponibilizam informações à direção da empresa para liderar as mudanças, antes que ocorra uma queda de desempenho. A gestão superior terá à disposição uma ferramenta de alerta capaz de reconhecer e de reagir em tempo, e em longo prazo, às mudanças decorrentes de novos desenvolvimentos externos e internos.

Além disso, fatores como tempo, qualidade e satisfação de clientes ganham cada vez mais importância na avaliação de uma empresa. A chave para o sucesso competitivo em longo prazo não é igualdade, mas sim a superioridade. Se objetiva alcançar, e, se possível, ultrapassar empresas que apresentam as melhores práticas. Para estar entre as melhores, é preciso possuir disposição para gerar informações sobre as melhores práticas e utilizá-las para a melhoria contínua da empresa. Esse processo de aprendizagem começa com uma análise do desempenho da própria empresa e finaliza com a comparação da empresa com a melhor prática existente. Baseando nas diferenças de desempenhos, avaliam-se os subprocessos, individualmente, da cadeia de valor.

Para alcançar um melhor desempenho competitivo, o benchmarking é uma ferramenta eficaz que transforma o processo de melhoria contínua, em um permanente plano de ação. O método do benchmarking começa na identificação de *gaps* e se concentra nas causas dos principais problemas, para melhorar as práticas existentes. Através de comparações internas e externas, o benchmarking apoia a busca de abordagens inovadoras e técnicas para a melhoria dos produtos e processos. Benchmarking com os "melhores" é baseado na crença de que o processo de criação de valor tem características semelhantes em diferentes tipos de organizações. Então, busca-se encontrar as melhores das melhores práticas e usá-las para fazer as suas próprias práticas inovadoras. A aplicação desse método oferece uma abordagem única não só para melhoria dos produtos e dos processos gerenciais, mas, também, induzindo a inovação. Para definir critérios externos de sucesso, é necessário identificar desempenhos superiores e levar a empresa para outro nível de *performance*. Só então, é possível ultrapassar a concorrência.

Benchmarking tem muito mais tradição nos EUA e Europa do que no Brasil. Desde a criação de Centros de Benchmarking e da Rede Global de Benchmarking (GBN), evidencia-se um aumento do interesse por essa ferramenta de gestão empresarial. Após o sucesso na prática do benchmarking, desde o início dos anos noventa, em muitas grandes empresas, e, mais recentemente, nas pequenas e médias empresas europeias, observa-se, no âmbito das reformas administrativas atuais, e devido às pressões de custos, a sua utilização por cidades, Estados e ministérios europeus.

Considerando o aspecto de terceirização de grandes empresas e a preocupação pela qualidade, evidencia-se um aumento claro na demanda por projetos de benchmarking. Benchmarking não é uma moda passageira, e devido à sua versatilidade, pode ser considerado um método de gestão inovador e sustentável. As várias formas de implementação do benchmarking – desde a otimização de processos do negócio até o apoio às decisões de interesse estratégico – fazem com que essa ferramenta tenha tanto êxito.

>> Capítulo 1
Introdução ao Benchmarking

Benchmarking sempre esteve presente no nosso dia a dia. Nós olhamos "o que e como os outros fazem" e procuramos fazer melhor. Desde que a Xerox começou a usar o benchmarking formalmente, em 1997, o seu uso expandiu-se rapidamente entre as empresas. Ele tem sido utilizado como uma ferramenta para aumentar o desempenho e a competitividade de organizações em muitos países e orienta os fabricantes e prestadores de serviços de empresas públicas e privadas, de diversos setores e portes. Nas pesquisas, aparece como uma das principais ferramentas gerenciais. Empresários utilizam-no cada vez mais para apoiar as suas decisões na busca da liderança do mercado.

Ao longo dos anos o benchmarking competitivo, com foco nos produtos da concorrência, tem evoluído para o benchmarking do aprendizado das práticas de excelência, ou seja, aprender "dos outros" para aprender "junto e com os outros". Ele tornou-se, através do seu amplo escopo e escala de atuação, uma das ferramentas empresariais mais conhecidas e importantes.

Essa ferramenta tem se mostrado também muito eficaz para apoiar o desenvolvimento de pequenas e médias empresas. Através de bancos de dados consolidados é possível identificar "forças e fraquezas" internas que exigem atenção gerencial e prioritária.

Com a crescente demanda por projetos e treinamentos de benchmarking, sugiram os chamados Centros de Benchmarking em vários países, que facilitam a sua realização. Eles auxiliam na concepção e condução de projetos, facilitando a sua operacionalização e assegurando os melhores resultados.

Neste sentido, esse livro objetiva facilitar o uso do benchmarking e contribuir para a sua expansão nas empresas brasileiras. A nossa motivação para escrever esse manual foi:

- Preencher uma lacuna na literatura brasileira de livros sobre benchmarking e, principalmente, de livros do tipo "manual, teoria e prática", com referencial bibliográfico amplo e aplicado;
- Explorar uma das ferramentas de gestão empresarial mais utilizada mundialmente, mas ainda com pouco uso metodológico por empresas brasileiras;
- Elencar os benefícios desta ferramenta de gestão para as lideranças empresariais;
- Exemplificar as boas práticas do benchmarking a partir de experiências nacionais e internacionais bem-sucedidas;
- Desmistificar o conceito de benchmarking de cópia indiscriminada para a busca contínua e sistemática por melhores resultados;
- Divulgar a aplicação do benchmarking para assegurar competitividade de PMEs;
- Divulgar a importância dos Centros de Benchmarking para a indução e apoio na realização de projetos de benchmarking;
- Apresentar indicadores e questionários dos principais modelos de benchmarking nacionais e internacionais.

O livro está estruturado em nove capítulos, iniciando por esta introdução. Os capítulos estão escritos de forma complementar, primeiramente abordando conceitos introdutórios e utilizados ao longo do livro.

A Figura 1.1 resume as questões formuladas sobre o benchmarking na estruturação dos capítulos. Cada capítulo interage com os demais, seguindo um ordenamento lógico. Uma leitura sequencial, capítulo a capítulo, pode exigir do leitor a consulta de outros tópicos correlacionados. Por exemplo, durante a leitura de modelos de benchmarking, no capítulo 3, o leitor poderá complementar o conteúdo com exemplos desses modelos no capítulo 6, ou ainda, buscar um referencial conceitual no capítulo 1 e relembrar a classificação dos tipos de benchmarking do capítulo 2.

Cap. 1	Qual é a importância do benchmarking?	Introdução e terminologia
Cap. 2	O que comparar?	Tipologia
Cap. 3	Como comparar?	Métodos e modelos
Cap. 4	Como realizar corretamente?	Boas práticas e dicas
Cap. 5	Como analisar dados?	Ferramentas estatísticas
Cap. 6	Cite exemplos de aplicações.	Estudo de casos
Cap. 7	O que foi escrito?	Conclusões
Referencial	Onde pesquisar?	Referencial
Anexos	Cite exemplos de questões e indicadores para o benchmarking.	Questionários de Benchmarking

FIGURA 1.1: ESTRUTURA DO LIVRO

Respondendo a essas questões, desejamos incentivar o uso do benchmarking no Brasil. Esperamos que, até o final desse manual, o leitor seja motivado a desenvolver o benchmarking empresarial.

1.1. A história do Benchmarking

A humanidade, desde os seus primórdios, buscou o aprendizado através da natureza, tirando proveito de plantas e animais para o seu sustento e, mais tarde, observando e imitando outros homens. Até o final do século XVIII a forma tradicional da organização da produção era a fabricação artesanal. Os artesãos possuíam suas oficinas em suas próprias casas e produziam integralmente o produto. A Revolução Industrial em 1778, na Inglaterra, marcou o início de mudanças e inovações na organização da produção como a divisão e mecanização do trabalho. Mais tarde foi desenvolvida, por Henry Ford, a produção seriada, adaptada do processo de corte de carnes em um abatedouro em Chicago. Durante uma visita, em 1912, Ford observou como as carcaças eram penduradas e transportadas em ganchos presos a um transportador aéreo. Cada trabalhador executava a sua tarefa, cortando sempre o mesmo pedaço de carne no seu posto de trabalho. Após o corte ele empurrava a carcaça para o próximo posto de trabalho. Ford levou essa ideia para a produção seriada de automóveis, em 1913, iniciando a chamada produção em massa (IEL, 2005 e Mertin, K., Kohl, H., 2009). A partir desse exemplo, observa-se que é comum realizar benchmarking envolvendo setores semelhantes e também diferentes.

Outro exemplo de benchmarking informal, comparando setores diferentes, foi o processo realizado por Toyoda Kiichiro, em 1950, verificando o funcionamento de um supermercado. Ele observou o método de reposição e controle das mercadorias com registros colocadas nas prateleiras. À medida que os clientes retiravam as mercadorias das prateleiras, elas eram reabastecidas pelos funcionários. Por sua vez, Taiichi Ohno adotou esse novo sistema de reposição de estoque, na Toyota, após estudos do sistema de reposição dos supermercados dos EUA, em 1956. Esse princípio de reposição chamado de "princípio do supermercado" deu origem à produção puxada e ao Kanban, inventados por Taiichi Ohno, criador do Sistema de Produção Toyota (Ahmed & Rafiq, 1998). No livro "A máquina que mudou o mundo", Womack et al. (1990) descrevem os enormes ganhos de qualidade e produtividade entre as empresas automotivas *world class* (classe mundial) e outras empresas tradicionais. Esse livro popularizou o termo classe mundial e contribuiu para a disseminação internacional do conceito de benchmarking.

A avaliação de desempenho e comparação de operações internas de uma empresa com as melhores práticas de outras se popularizou a partir da década de 80, quando melhorias significativas no desempenho foram obtidas pela Hewlett-Packard e Xerox, através estudos de benchmarking (Camp, 1989).

O caso da Xerox Corporation iniciou quando seu presidente Charles Christ leu um anúncio no jornal New York Times, em 1979, em que um concorrente oferecia copiadoras muito parecidas com as fabricadas na Xerox pelo preço equivalente ao de seu custo de produção. A Xerox tinha desenvolvido a copiadora 914 e teve a sua participação de mercado de 80% reduzida para 20%. O valor das ações da Xerox e sua participação no mercado caíram enormemente e a empresa pediu concordata. Seu novo presidente, David Kearns, antecipava as mudanças afirmando "nós precisamos mudar significativamente o jeito e o modo de conduzir o nosso negócio" (Mertins at al., 1995).

Como reação, foi enviada uma equipe de funcionários ao Japão para aprender as práticas de excelência japonesas, com o objetivo de aumentar a qualidade, de reduzir os custos de produção e do tempo de desenvolvimento de novas copiadoras. A metodologia utilizada nesse primeiro benchmarking está descrita na Figura 3.2 e detalhada em forma de estudo de caso no capítulo 6. Os resultados alcançados permitiram a recuperação da empresa e o desenvolvimento do programa "Leadership through Quality" (Liderança através da Qualidade), em 1983. Em 1989 a Xerox ganhou o prêmio "Malcolm Baldrige Quality Award", divulgando mundialmente as práticas de benchmarking.

O programa de qualidade americano, conhecido como Malcolm Baldrige Award, contribuiu para disseminar o benchmarking nos EUA. Isso ocorreu por dois motivos. O primeiro deve-se ao fato de um dos critérios do prêmio referir-se à realização do *benchmarking* das melhores práticas gerenciais e, o segundo, ao fato de as empresas vencedoras do prêmio servirem de benchmarking para outras (Ribeiro, 2004).

O uso da ferramenta de benchmarking expandiu-se rapidamente nos anos 90, comparando produtos e boas práticas em empresas como KODAK, TRW, Chevron, AT&T, 3M, Ford, IBM, entre outras. Foram desenvolvidos vários projetos industriais de benchmarking com diversificadas metodologias, implicando a necessidade de recursos humanos, tempo e custos. Surgiu, assim, a necessidade dos Centros de Benchmarking (CB) como prestadores de serviços. Em 1993, foi criado junto ao American Productivity and Quality Centre (APQC) o Internacional Benchmarking Clearinghouse (IBC), nos EUA. Um ano depois, foi fundado, na Inglaterra, o Centro de Benchmarking com apoio do The Department of Trade and Industry (DTI). Esse centro desenvolveu um enorme banco de dados de boas práticas para pequenas e médias empresas (PMEs) e divulga-as através do Prêmio "Melhores Práticas" com visitas técnicas às vencedoras.

Em 1994, foi criado o Centro de Informação de Benchmarking (IZB) do Instituto Fraunhofer para Sistemas de Produção e Projetos Tecnológicos (IPK), na Alemanha. O IZB apoia atividades de benchmarking em serviço, indústria e instituições públicas. Identifica e faz contatos com empresas parceiras para promover e realizar benchmarking com metodologias próprias (ver cap. 3). Ele oferece solução completa para as empresas, desde a concepção do projeto até a implementação das ações de melhoria.

Entre as principais atividades desses centros, estão a divulgação das metodologias de benchmarking, a escolha e o contato com as empresas parceiras no benchmarking (Mertin, K.; Kohl, H.; 2004). Para apoiar a busca pelas melhores práticas mundiais de excelência (*world class best practice*) foi fundada, em 1995, a Rede Global de Benchmarking (GBN). Essa rede formada por Centros de Benchmarking oferece apoio à realização de projetos internacionais.

No Brasil, empresas internacionais implementaram o benchmarking seguindo uma política corporativa, como o caso da AT&T, Johnson & Johnson, entre outras. A Xerox do Brasil implantou um processo de benchmarking baseado nas experiências de serviços bancários, subdividindo a sua carteira de clientes em "grandes contas" e "pequenas e médias contas" possibilitando o atendimento diferenciado aos grandes consumidores. Na década de 80, a Fundação Cristiano Ottoni da Universidade Federal de Minas Gerais, liderada pelo consultor Vicente Falconi, iniciou o movimento da Qualidade Total. Com parceria da JUSE (Japanese Union of Scientists and Engineers), foram organizadas várias missões empresariais ao Japão para aprender o modelo japonês. Desde então muitos empresários implementaram um sistema de eficiência industrial baseado em benchmarking internacional. Em 1997, o Instituto Evaldo Lodi (IEL) de Santa Catarina desenvolveu o "Programa Melhores Práticas para a Excelência Industrial". Em parceria com o International Institute for Management Development (IMD), foi desenvolvido o Benchmarking Industrial com transferência do banco de dados do Programa "Made in Europe". Em 2003 foi atualizado o banco de dados e incluído o módulo de inovação tecnológica (IEL, 2005).

Através dessa breve introdução observa-se que o benchmarking:

- Pode ser formal e informal;
- É realizado entre empresas que atuam no mesmo ou em diferentes setores;
- Possibilita o aprendizado através da observação;
- Possibilita que as boas práticas possam ser transferidas de um setor para o outro;
- É realizado para produtos, serviços, processos e métodos;
- É realizado por grandes organizações com comprometimento de suas lideranças.

A Figura 1.2 resume os eventos que marcaram o desenvolvimento cronológico do benchmarking (Mertin; Kohl, 2009).

Observe: O Benchmarking foi desenvolvido por iniciativas de empresas privadas, tornando-se uma ferramenta de excelência para atingir desempenhos superiores. Sua metodologia foi aprimorada por Centros de Benchmarking e difundidas através dos prêmios da qualidade.

Ano	Eventos
1979	Primeira aplicação do Benchmarking Competitivo na Xerox Corporation
1981	Aplicação do benchmarking em toda Xerox Corporation (produção, transporte, serviço...)
1987	Malcon Baldridge Award proporciona visibilidade ao benchmarking
1989	1º livro: Benchmarking de Robert Camp.
1989	Xerox recebe o *Malcolm Baldrige National Quality Award* e torna-se referência mundial
1992	Criação do Centro de Benchmarking IBC – USA
1993	Criação do Centro de Benchmarking – Inglaterra. Expansão mundial do uso do benchmarking
1993	Desenvolvimento do modelo "Benchmarking de Processos"
1993	Desenvolvimento do Modelo PROBE pela IBM e London Business School
1994	Criação do Centro de Benchmarking IZB – Alemanha

Ano	Eventos
1994	Estudo "Benchmarking Made in Europe" com PROBE
1995	Criação do Prêmio Europeu das Melhores Práticas de Benchmarking
1995	Criação do Global Benchmarking Network
1995	Estudo "Benchmark Made in Switzerland"
1996	Criação do BMindex na Inglaterra
1997	Desenvolvimento do Modelo Microscope para PMEs pela IBM e London Business School
1997	Início do Benchmarking Industrial – IEL/ SC
2000	Aplicação do BMindex através de oito Centros de Benchmarking para PMEs (REACTE)
2002	Benchmarking: O caminho da qualidade total (Robert Camp).
2004	A FNQ incentiva a utilização do benchmarking no Prêmio Nacional da Qualidade
2005	Formação da Rede Nacional do Benchmarking Industrial e Bemchstar para PMEs
2009	Lançamento do SIMAP Boas Práticas no SEPRONe em Fortaleza – Ceará
2015	Desenvolvimento do SIMAP Competitivo no Observatório Tecnológico da UFC

FIGURA 1.2: DESENVOLVIMENTO CRONOLÓGICO DO BENCHMARKING

1.1.1. A Evolução do Benchmarking

O desenvolvimento de novas aplicações de benchmarking tem caracterizado novas gerações de benchmarking. Ahmed e Rafiq (1998) identificaram a evolução do benchmarking em cinco gerações que foram complementadas por Kyrö (2003), destacando o *benchmarking* de competência e de *networks* apresentados na Figura 1.3. Uma nova geração não elimina ou substitui a anterior, mas complementa a abrangência e escopo da ferramenta.

A primeira geração (1940-1980), também conhecida como "engenharia reversa", tem o foco nas características e funcionalidades de produtos concorrentes.

> **■ Você sabia que:** a engenharia reversa consiste em desmontar uma máquina e analisar como ela foi construída e como ela funciona. O primeiro benchmarking foi realizado pela empresa Xerox Company com uma máquina fotocopiadora. No capítulo 2, é caracterizado o benchmarking de produto e, no capítulo 6, é descrito o estudo de caso desta empresa.

A segunda geração, "benchmarking competitivo", compara o desempenho de empresas concorrentes, identificando as melhores práticas.

A terceira geração (1982-1988), "benchmarking de processo", tem uma abrangência bem maior, comparando processos de empresas não concorrentes e de outras nacionalidades. O objeto desse benchmarking são processos e funções (Ahmed & Rafiq, 1998).

A quarta geração (1990) buscou o aprendizado de estratégias empresariais implementadas com sucesso. As empresas começam a usar o benchmarking como ferramenta de gestão (direção) e divulgar os resultados obtidos através de prêmios de qualidade.

A quinta geração, com abrangência geográfica mundial, possibilita a comparação e aprendizado global de boas práticas (Ahmed & Rafiq, 1998). São comparados diversos tipos de empresas, seus agrupamentos produtivos, regiões geográficas e econômicas.

A sexta geração propõe o *benchmarking* da capacidade de respostas a mudanças de mercado e novos desafios empresariais. Compara-se a habilidade de aprender e desenvolver competências para implementar estratégias em um mercado cada vez mais dinâmico e exigente. O objetivo passa a ser o aprendizado com outras empresas, ou seja, comparar-se com os melhores e aprender com eles.

Por último, destaca-se a atuação em rede global de organizações e especialistas que promovem o uso e troca de experiências, trabalhando em conjunto em projetos internacionais.

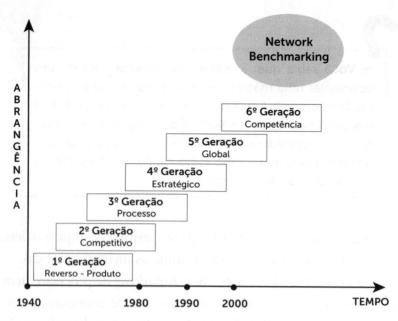

FIGURA 1.3: A EVOLUÇÃO DO *BENCHMARKING*. FONTE: KYRÖ, 2003

Observe que os tipos de benchmarking característicos de cada geração serão descritos no capítulo 2.

1.2. Conceitos e definições

Para melhor compreensão deste livro, serão definidos conceitos utilizados ao longo dos capítulos.

1.2.1. Benchmarking *versus* Benchmark

O termo de origem anglo-saxônica "*benchmarking*" refere-se ao processo de medição e comparação com um padrão referencial. Não existe um equivalente na língua portuguesa. Esse processo comparativo é constituído de uma sequência de atividades para identificar o melhor padrão (Figura 1.4). Esse padrão ou marca é o "*benchmark*". Essa palavra deriva-se de "bench" (mesa) e "mark" (marca). Assim as marcas da mesa de trabalho ajudam o artesão a definir e medir a largura e o comprimento de seus artefatos (Fromm citado por Kohl, 2007). *Benchmark* refere-se, então, à escala ou à unidade métrica de medição (Wong and Wong, 2008).

BENCHMARKING	X	BENCHMARK
Processo de comparar e melhorar		Padrão Referência Marco

FIGURA 1.4: BENCHMARKING *VERSUS* BENCHMARK

O nadador Johnny Weissmuller, também conhecido como o Tarzan dos seriados dos anos 1930 e 1940, foi o primeiro nadador a realizar 100 metros livres em menos de um minuto, no ano de 1922. A sua marca de 58.6s. tornou-se uma referência mundial (benchmark). Ele treinou para ser **"o melhor dos melhores"**, ou seja, aplicou o conceito japonês conhecido por *dantotsu* "de lutar para ser o melhor dos melhores" (Camp, 1994). Mais tarde outros nadadores conseguiram nadar "abaixo" de 60s. e foram reconhecidos como classe mundial (world class). Nos tempos atuais um nadador "classe mundial" deve superar a marca mundial dos 48s. Observa-se que os referenciais são dinâmicos e exigem um processo contínuo de atualização.

O termo empresas de classe mundial (world class) foi introduzido por Hayes e Wheelwright em 1984, para denominar empresas alemãs e japonesas que apresentavam competências para disputar no mercado mundial. Essas competências estavam relacionadas ao desempenho dos processos e práticas de excelência.

Como é estabelecido um critério para classificar uma marca como "classe mundial"? Não existe um só critério. Primeiramente, estabelecem-se as práticas e, então, as suas métricas. Alguns critérios estabelecem uma referência a desempenhos mínimos (ex. 80%) para serem consideradas classe mundial (ver Figura 3.6 e 3.8). Como exemplo, cita-se o índice de Eficiência Global de Equipamentos, conhecido por OEE (Overall Equipment Effectiveness), que mede a disponibilidade, eficiência e qualidade de um determinado equipamento, por exemplo, um centro de usinagem. Esse índice é composto por três indicadores relacionados às seis grandes perdas que reduzem a eficiência de um equipamento, estratificadas em perdas de disponibilidade, velocidade e qualidade. Quando esse índice for superior a 85% é considerado classe mundial. Esse indicador é utilizado mundialmente, o que permite a comparação de desempenho de equipamentos industriais de empresas de vários países. Quando uma empresa calcula o índice OEE com uma metodologia própria, desconsiderando algumas perdas, ela perde a capacidade de comparar internacionalmente.

OEE = Disponibilidade (%) x Desempenho (%) x Qualidade (%)

Exemplo de cálculo de OEE: se uma máquina opera 6 horas de um turno de 8 horas, sua disponibilidade será de 75%. Nessas 6 horas, opera com 80% da sua velocidade (desempenho = 80%) e produz 10% de rejeição (qualidade = 90%). Então, sua Eficácia Geral do Equipamento (OEE) será: (0,75 x 0,80 x 0,90) = 0,54 ou 54%.

Em estudos realizados em empresas brasileiras, os autores encontraram várias máquinas com OEE abaixo de 50%. Nesses casos é possível duplicar a capacidade de produção sem comprar novos equipamentos, eliminando perdas e, assim, aumentando a eficiência dos equipamentos existentes.

1.2.2. Benchmarking como ferramenta gerencial

Benchmarking, como metodologia, teve a sua origem nos Estados Unidos e foi desenvolvido, em 1979, por Robert C. Camp. Como gerente da Xerox Company, Camp (1994) definiu benchmarking como "a busca por soluções baseadas nos melhores processos e métodos industriais, as melhores práticas, que conduzem uma empresa para o melhor desempenho". Ele publicou, em 1989, a sua experiência com benchmarking na empresa Xerox no livro "A busca das melhores práticas industriais para alcançar desempenho superior". Esse foi o primeiro livro sobre o tema e é considerado um dos mais conhecidos, destacando a metodologia de benchmarking utilizada na Xerox, descrita na Figura 3.2.

O Centro Americano de Qualidade e Produtividade (APQC) define benchmarking como um processo contínuo de medição e comparação de uma organização com organizações líderes de qualquer lugar do mundo para obter informações que ajudam a organização a realizar ações para melhorar o seu desempenho (APQC, 1993).

Benchmarking deve ser simples, sistemático e utilizar o bom senso. Ele é um processo sistemático de buscar práticas de excelência, ideias inovadoras e procedimentos efetivos de operação, que levam à performance superior. Em vista das limitações humanas, é uma questão de bom senso considerar a experiência dos outros (BOGAN citado por IEL, 2005). A APQC (2001) complementa essa definição, dizendo que o benchmarking é a prática de ser humilde o suficiente para admitir que alguém é melhor em algo, e ser sensato o suficiente para aprender como alcançá-lo e superá-lo.

De acordo com Charles Christ, da Xerox Corporation, o objetivo do benchmarking é adquirir uma vantagem competitiva sustentável. Ele auxilia o conhecimento dos concorrentes e de si mesmo. Aprenda com eles e esteja pronto para se adaptar às suas melhores práticas. Seu sucessor na presidência da empresa, David Kearns, afirma que benchmarking é o processo contínuo de medição de produtos, serviços ou práticas gerenciais, comparativamente aos melhores concorrentes ou empresas consideradas líderes (Camp, 1994). Vale ressaltar que o sucesso do benchmarking como ferramenta para alcançar uma vantagem competitiva depende da capacidade da empresa de se adaptar criativamente às melhores práticas existentes no mercado, ao invés de as copiar (Camp, 1989). Camp (1994) complementa definindo benchmarking (Figura 1.5) como a busca pelas melhores práticas industriais que levam e empresa para a posição superior.

> Benchmarking é o processo contínuo de medição de produtos, serviços ou práticas gerenciais, comparativamente aos melhores concorrentes ou empresas consideradas líderes.
> Charles Christ-Xerox
>
> Benchmarking é a busca pelas melhores práticas industriais que levam à liderança empresarial.
> Robert C. Camp

FIGURA 1.5: O QUE É BENCHMARKING?

Zairi (1996) descreve benchmarking como "medição da performance em relação ao melhor dos melhores (dantotsu), através de um contínuo esforço de revisão de processos, práticas e métodos".

Kohl (2007) contribui com uma definição direcionada para o benchmarking com PMEs após anos de experiência em projetos na Europa. Nesse caso realiza-se a comparação externa através de indicadores para identificar lacunas, comparando as melhores práticas entre processos empresariais. Isso acontece com o objetivo claro de alcançar um melhor desempenho empresarial.

As definições citadas são complementares e destacam as seguintes características para o benchmarking:

- usado em qualquer nível e tipo de organização;
- processo contínuo de medição e comparação;
- processo simples voltado para o aprendizado;
- compara produtos, processos e boas práticas;
- compara com os melhores;
- identifica ações para melhorar o desempenho organizacional;
- é uma estratégia do negócio (Camp, 1994).

De forma conclusiva e baseada na experiência dos autores podemos afirmar que o benchmarking não é:

- um evento único e isolado;
- um estudo que fornece respostas rápidas;
- cópia ou imitação;
- rápido e fácil;
- um modismo da administração;
- um mecanismo somente para reduzir recursos (Camp, 1994).

Ribeiro (1994) salienta que o benchmarking é um processo orientado de dentro para fora. Inicialmente, analisam-se os processos internos da organização e depois compara-os externamente.

1.2.3. Classificação do porte de uma empresa

Para classificar uma empresa em pequeno, médio e grande porte, são usados vários critérios como número de funcionários, faturamento, mercado de atuação, entre outros. Observa-se que os limites de classificação não são unânimes e se diferenciam entre países e grupos econômicos. A Comissão Europeia classifica o porte de uma empresa de acordo com número de funcionários, faturamento e valor do balanço patrimonial, conforme Figura 1.6.

Porte empresarial	N° de funcionários	Faturamento Euro/ano	Valor Patrimonial
Micro	até 9	até 2 milhões	até 2 milhões
Pequeno	10 a 49	até 10 milhões	até 10 milhões
Médio	50 a 249	até 50 milhões	até 43 milhões
Grande	250 ou mais	acima de 50 milhões	acima de 43 milhões

FIGURA 1.6: CLASSIFICAÇÃO DE PME NA COMUNIDADE EUROPEIA.
FONTE: KOHL (2007)

No Brasil, destaca-se a classificação utilizada pelo Serviço Brasileiro de Apoio às Micro e Pequenas Empresas (SEBRAE), baseada no número de funcionários, e pelo *Banco Nacional de Desenvolvimento Econômico e Social* (BNDES), baseada no faturamento anual (Figura 1.7).

Porte empresarial	N° de funcionários (SEBRAE)	Faturamento R$/ano (BNDES)
Micro	até 19	até 1,2 milhões
Pequeno	20 a 99	superior a 1,2 até 10,5 milhões
Médio	100 a 499	superior a 10,5 até 60 milhões
Grande	500 ou mais	acima de 60 milhões

FIGURA 1.7: CLASSIFICAÇÃO DE PME NO BRASIL

As diferenças nos critérios de classificação são relevantes nas propostas de estudos de benchmarking, através de bancos de dados já existentes, pois facilitam a estratificação dos grupos por porte de empresas.

1.2.4. Terminologia

Alguns termos que se repetem com maior frequência, neste manual, são definidos nesta seção. O termo "método" define uma sequência lógica de atividades (ou etapas) para atingir um objetivo ou uma meta. A meta é a quantificação de um objetivo. As ferramentas são os recursos a serem utilizados no método e a metodologia é a explicação minuciosa, detalhada, de toda ação desenvolvida no método, incluindo ferramentas, recursos e objetivos. De nada adianta conhecer várias ferramentas se o método não é dominado. É muito comum dar mais importância às ferramentas do que ao método. Como consequência, as pessoas tornam-se conhecedoras de ferramentas, mas não sabem efetivamente o que fazer com elas.

As práticas ou boas práticas são ferramentas gerenciais ou tecnológicas usadas na gestão empresarial. Elas podem se referir a tecnologias de produto, processo e gestão. As melhores práticas, do inglês *best practice*, são métodos ou práticas de excelência que sustentam desempenhos superiores conforme glossário da Fundação Europeia para a Gestão da Qualidade (EFQM). O desempenho superior pode ser alcançado nos resultados de vários processos como financeiros, de produtividade, de satisfação dos clientes internos e externos, de impacto ambiental, entre outros.

Práticas: são ferramentas gerenciais ou tecnológicas usadas na gestão empresarial. Consideram-se métodos, processos e tecnologias de produto, de processo e de gestão.

⬇

Práticas de Excelência ou Melhores Práticas (*best practice*): São as práticas que comprovadamente levam a desempenhos superiores ou a excelência. É a prática conhecida como a mais eficiente ou eficaz num determinado processo. Ela deve ser executável, desafiadora e não teórica. Uma prática de excelência hoje será uma prática quando for substituída por outra no futuro.

⬇

Performace ou Desempenho: É o resultado mensurável de uma atividade. A aplicação de uma nova prática deve melhorar o desempenho ou resultado de um processo. Uma prática de excelência oportuniza resultados superiores a dos concorrentes.

Obs.: o termo **boas práticas** enfatiza as ferramentas recomendadas para uma empresa ou negócio.

FIGURA 1.8: DEFINIÇÃO DE PRÁTICAS

Outro termo muito utilizado nesse livro é "processo". Conforme a NBR ISO 9000 (ABNT, 2005), processo é um conjunto de atividades inter-relacionadas ou interativas que transforma insumos (entradas) em produtos (saídas). Quando os produtos resultantes atendem às especificações técnicas e legais, podemos dizer que estão em conformidade com um padrão. Quando atendem aos requisitos de clientes, significa que são "produtos de qualidade". Os padrões são referências, especificações ou documentos utilizados nas organizações, e podem estar em forma de desenhos, peças, modelos, procedimentos operacionais (ex. POPs), técnicos (especificações) e gerenciais (manuais), entre outros. Um procedimento pode descrever um produto, processo, uma metodologia e também um sistema gerencial. A elaboração de procedimentos em uma organização é conhecida como "padronização" e reflete as melhorias de produtos e processos organizacionais. Geralmente busca-se, na elaboração de procedimentos, uma referência externa, ou seja, um padrão externo ou uma norma. O processo de elaboração de normas chama-se "normalização" ou "normatização".

O capítulo 3 trata dos "modelos" de benchmarking. Modelos de benchmarking são representações genéricas de métodos clássicos utilizados para realizar benchmarking.

Monitoramento é uma atividade de controle voltada ao acompanhamento da evolução de processos através da medição, buscando verificar eventuais desvios em relação ao planejado. Inclui o acompanhamento, a medição e a ação (ABNT, 2005). **É possível monitorar produtos, processos, equipamentos e sistemas produtivos, entre outros.**

No capítulo 4, veremos uma metodologia de benchmarking utilizada para monitorar o desempenho de arranjos produtivos (APs).

1.2.5. Sistema de medição de desempenho

Um processo comparativo necessita de um sistema de medição de desempenho. As métricas utilizadas são a base para comparação (Kohl, 2007). Elas retratam situações passadas, observam o presente e estimam o futuro. As métricas podem ser representadas através de indicadores que quantificam o resultado (desempenho) de uma atividade. Normalmente são expressas na forma de índices numéricos, ou seja, variáveis ou quocientes de variáveis que permitem a análise comparativa ou de tendência.

Medidas de desempenho são indispensáveis para que o gerenciamento possa avaliar o estado de um sistema produtivo e propor ações apropriadas para mantê-lo competitivo (Hon, 2006). Sistemas de medição de desempenho possuem um conjunto de métricas para quantificar a eficiência e eficácia das ações realizadas (Shepherd, 2005).

As medidas de desempenho apresentam uma evolução natural. A Figura 1.9 mostra a evolução das medidas de desempenho, iniciando, nos anos 60, com medidas de custos; nos anos 70, com foco na produtividade; seguindo, nos anos 80, com qualidade. Uma abordagem multidimensional foi utilizada, a partir dos anos 90, como Balanced Scorecard desenvolvido por Kaplan e Norton (Hon, 2006). Essa abordagem é utilizada no modelo Integrado de Benchmarking do IPK descrito na seção 3.6.

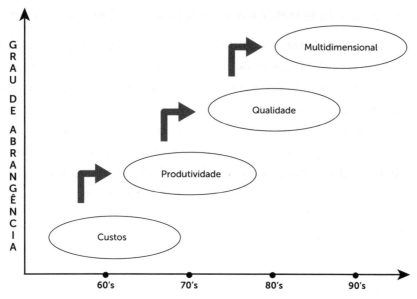

FIGURA 1.9: EVOLUÇÃO DAS MEDIDAS DE DESEMPENHO. FONTE: HON (2006).

As medições multidimensionais incorporam indicadores de várias naturezas e métricas. Destacam-se variáveis qualitativas, quantitativas e combinadas. De acordo com o Management School, existem quatro tipos de medidas para organizações empresariais que cobrem a maioria dos aspectos gerenciais, como: medidas de mercado, financeiras, não financeiras e de custos (Lehtinen, Ahola, 2010). As análises com medições multidimensionais apresentam-se mais ricas e abrangentes, mas requerem maior atenção na sua análise e tratamentos estatísticos.

No capítulo 5, serão apresentadas ferramentas estatísticas utilizadas no tratamento de indicadores multidimensionais. Nos anexos, estão representados sistemas de medições e suas métricas, em forma de questionários utilizados em diferentes modelos de benchmarking.

Observa-se que, enquanto a medição de desempenho tem um foco interno, o benchmarking é a sua extensão natural como comparativo (Hon, 2006).

1.3. Importância estratégica e benefícios do benchmarking

A competição global impõe continuamente novos desafios para as lideranças empresariais. Para vencer esses desafios e diminuir lacunas gerenciais e técnicas existentes, é necessário um monitoramento efetivo e contínuo de sua performance e de seus competidores (Kohl , 2007). Nesse sentido, o objetivo principal do benchmarking não é encontrar diferenças, mas identificar as melhores práticas com as quais se obtêm uma vantagem competitiva superior a dos concorrentes (Kohl, 2007). O processo contínuo de busca de informações sobre indicadores e as melhores práticas empresariais é considerado um dos fatores de sucesso da sobrevivência e competitividade global de uma empresa (Kohl, 2007).

> **Você sabia que:** a transferência das práticas de excelência, de uma empresa para outra, é umas das ferramentas gerenciais mais eficientes e poderosas para alcançar o melhor desempenho empresarial

Entre os principais objetivos do benchmarking empresarial estão:

- o acesso a informações relevantes para a gestão empresarial e a tomada de decisão baseada em fatos e dados;
- o apoio à implementação de ferramentas gerenciais para melhorar o desempenho dos processos internos e diminuir seus déficits;
- a identificação e priorização de ações estratégicas, substituindo "o que podemos fazer" por "o que precisamos fazer".

Ribeiro (2004) acrescenta os seguintes benefícios do benchmarking:
- fomenta o conhecimento detalhado dos processos internos;
- orienta a empresa para fora e para oportunidades;

- inibe as resistências às mudanças;
- contribui para o estabelecimento de objetivos relacionados com o contexto externo.

Zhou e Benton Jr. (2007) afirmam que estudos de *benchmarking* proporcionam o aprendizado com as experiências de outras empresas, a comparação dos seus níveis de desempenho aos da concorrência e a correlação desses níveis com os de suas atividades.

Ressaltamos ainda o aspecto motivacional do benchmarking na transferência de uma prática já implementada com sucesso em outra empresa. Inibem-se resistências e afirmações do tipo "na nossa empresa isso não iria funcionar".

Camp (1994) resume os benefícios do uso da ferramenta, comparando empresas com e sem benchmarking, conforme Figura 1.10.

Empresa sem benchmarking	Empresa com benchmarking
1. Definição das necessidades do cliente	
Baseado no passado, no "achismo" e impreciso.	Baseada no mercado, criteriosa e precisa.
2. Estabelecimento de objetivos e metas	
Pouco foco externo, reativo e retardatário.	Exequível, proativo e focado na liderança.
3. Medição da produtividade	
Caminho mais fácil, com menos resistência e sem conhecimento das "forças e fraquezas".	Solução de problemas reais, compreensão do desempenho e baseado nas melhores práticas.
4. Competitividade	
Voltado para dentro com mudanças esperadas e evolutivas sem muitas responsabilidades.	Compreensão da concorrência, novas ideias para processos e tecnologias testadas com responsabilidades.
5. As práticas de excelência	
Síndrome do "não invente aqui". Isso não se aplica em nossa empresa.	Busca por mudanças com muitas opções e inovações.

FIGURA 1.10: BENEFÍCIOS DO BENCHMARKING. ADAPTADO DE CAMP (1994)

Finalizando, o benchmarking não deve ser visto como uma ação pontual, mas sim como uma ferramenta de gestão que continuamente mostra onde estamos, determina para aonde precisamos ir, objetivando o aumento de eficiência e eficácia de nossos processos e produtos.

1.4. Aplicações e desafios do benchmarking

Como foi visto anteriormente, podemos afirmar que o benchmarking iniciou como um processo natural e informal e, mais tarde, tornou-se uma ferramenta estratégica nas empresas na busca da competitividade. O uso dessa ferramenta deve ser contínuo. Dessa forma, a empresa percebe as mudanças no meio em que está inserida e a direção tem à sua disposição uma ferramenta permanente para acompanhar a sua evolução da empresa.

Listamos a seguir alguns fatores desencadeadores do benchmarking:

- programas de qualidade e atendimento de requisitos de normas (ISO/TS 16949);
- processo de redução de custos e otimização de recursos;
- processo de melhoria contínua nas operações;
- mudanças de gerência;
- novas operações e novos empreendimentos;
- revisão das estratégias existentes;
- ataques competitivos e crises.

Entre os motivos para aplicação do benchmarking empresarial estão:

- a empresa será analisada;
- áreas específicas serão comparadas;
- os melhores desempenhos serão conhecidos;
- as lacunas e desempenhos deficitários serão identificados;
- as soluções alternativas serão analisadas.

Indiretamente o processo de benchmarking fornece oportunidades para:

- melhorar o conhecimento dos processos empresariais;
- revisar as estratégias e objetivos empresariais;
- fortalecer a capacidade de competir;
- identificar e priorizar as áreas e ações para realizar a melhoria contínua.

Uma pesquisa realizada por Rigbs, em 1999, mostrava que mais de 70% dos gerentes de grandes empresas praticavam o benchmarking e o consideravam como uma das cinco ferramentas gerenciais mais importantes, juntamente com o planejamento estratégico, missão e visão, pesquisa de satisfação de clientes e competências chave (Rigbs, 1999 apud Wong e Wong, 2008).

Outro estudo semelhante, conduzido dez anos mais tarde pelo GBN (2010), identificou as tendências atuais e futuras do benchmarking e seus fatores críticos de sucesso. Esse estudo comparou o uso atual e futuro das principais ferramentas de gestão empresarial utilizadas em 450 empresas de 44 países. Na amostra, 55% das empresas respondentes atuam no setor de manufatura ou são prestadoras de serviços, 26% delas possuem entre 1 a 49 funcionários, 23% de 50 a 250 e o restante mais do que 250 funcionários. A Figura 1.11 lista estas ferramentas em ordem decrescente do uso.

Ferramentas de gestão	Já utilizou	Pretende usar no futuro
Missão e Visão	77,2	29,1
Pesquisa de satisfação de clientes	77,0	29,8
Análise SWOT	72,1	37,6
Benchmarking informal	**69,2**	**41,0**
Sistemas de Gestão da Qualidade	67,3	30,4
Times de melhorias	64,8	29,7
Programa de sugestão (colaboradores)	63,7	31,7
Ciclo PDCA	57,7	28,8
Benchmarking de desempenho	**49,1**	**50,0**
Gestão do Conhecimento	47,4	32,8

Ferramentas de gestão	Já utilizou	Pretende usar no futuro
Reengenharia	45,6	26,4
Balance Score Card (BSC)	43,4	37,9
Total Quality Management (TQM)	40,7	24,3
Benchmarking das melhores práticas	**39,6**	**45,1**
Lean Manufacturing	35,8	24,8
Programa 5 S	30,3	19,3
Excelência Empresarial (Prêmios)	29,8	29,0
Responsabilidade Social	27,0	26,0
QFD	23,9	16,9
Seis Sigma	21,9	19,8

FIGURA 1.11: TENDÊNCIAS ATUAIS E FUTURAS DO BENCHMARKING.
FONTE: GBN (2010).

A ferramenta "pesquisa de satisfação de clientes" é utilizada por 77,2% dos entrevistados, ou seja, quase 350 empresas, e no futuro esse número aumentará em 29,8%. O uso informal do benchmarking está presente em 69,2% dos respondentes e 50% pretendem usar o benchmarking de desempenho no futuro como ferramenta gerencial, seguido de 45,1% do benchmarking das melhores práticas. O estudo mostra a popularidade crescente dessa ferramenta.

Os principais benefícios identificados no estudo foram: a) aumento do desempenho dos processos, b) aprendizado com o que as outras organizações estão fazendo, e c) apoio nas decisões estratégicas.

Os principais fatores de sucesso na condução de benchmarking são a) apoio da alta direção, b) entendimento dos próprios projetos, c) clareza na definição dos objetivos para o projeto de benchmarking e d) alinhamento dos objetivos do benchmarking com os objetivos estratégicos.

Entre os métodos mais usados para coletar informações de benchmarking estão: a) pesquisa na internet (59%); b) pesquisa bibliográfica (52%) e c) visitas técnicas (51%).

Por último, o estudo concluiu que, tipicamente, as empresas realizam 2 a 5 projetos de benchmarking por ano (53% das respostas), com duração de até 4 meses (65%) com uma equipe de 1 a 4 pessoas (65%).

>> Capítulo 2
Tipos de Benchmarking

Nesta seção, são apresentados os principais tipos de *benchmarking* encontrados na literatura internacional. Essa tipologia contribui para a compreensão da abrangência e diversidade de potenciais aplicações de projetos de benchmarking. Os tipos de benchmarking são caracterizados pelas suas formas, vantagens e desvantagens nas aplicações (Kohl, 2007; Mertin, K.; Kohl, H., 2004).

Observe que um determinado tipo de benchmarking pode assumir diversas denominações conforme o critério de classificação. Os tipos mais comuns são apresentados e caracterizados a seguir.

2.1. Conforme o objeto (O que comparar?)

Em relação ao objeto que será comparado, é possível classificar o benchmarking em:

- **Benchmarking de produto**: é similar à engenharia reversa de produto. Compara-se um produto com um similar da concorrência. São consideradas as características de *design*, de funcionalidades, de materiais empregados, entre outras. Essas características são comparadas através de métricas pré-estabelecidas, como custo, peso etc. Os produtos são desmontados em componentes. As informações obtidas servem como entradas (inputs) para desenvolver ou melhorar um (novo) produto. Esse tipo de benchmarking apresenta ótimos resultados competitivos e tem a vantagem de não necessitar de empresas parceiras, mas a sua aplicação é restrita a um produto técnico e quase sempre similar. Benchmarking de produtos diferentes é raro.

- **Benchmarking de processos:** é a comparação de processos semelhantes com o objetivo de otimização. Independentemente da concorrência, ele compara processos internos de empresas do mesmo setor ou de setores diferentes. São identificadas as diferenças, as suas respectivas causas e possibilidades de melhorias. Para comparar processos de diferentes empresas, é necessário modelá-los através de critérios ou padrões comuns. Através da comparação de empresas pertencentes a setores diferentes, oportuniza-se o aprendizado de conceitos alternativos e novas tecnologias para agregarem mais valor aos processos (Mertin, K.; Kohl, H., 2004).

- **Benchmarking estratégico:** compara-se o desenvolvimento estratégico de uma empresa, as estratégias utilizadas (ex. alocação de recursos e seleção de novos investimentos) e a sua influência para aumentar uma determinada vantagem competitiva. É utilizado para analisar e revisar continuamente estratégias empresariais frente às mudanças contínuas do ambiente competitivo. Observa-se a capacidade de reação frente a mudanças externas. São identificados os fatores de sucesso e seus efeitos no mercado.

2.2. Conforme o parâmetro (Performance *versus* Práticas)

Destacam-se dois tipos de parâmetros:

- **Índices de desempenho:** aqui são utilizados indicadores quantitativos contínuos ou categóricos baseados em métricas. Os índices representam os resultados de processos e indicadores de desempenho. É comum usar escala de Likert para indicadores qualitativos.

- **Práticas de excelência:** as práticas de excelência, ou melhores práticas, contribuem para um desempenho superior. Nesse benchmarking, são comparadas a frequência e a extensão dessas práticas nas empresas. É considerado o tipo mais "detalhado e eficaz" de benchmarking, pois identifica "porque a outra empresa é melhor" e o que é necessário para melhorar o desempenho.

Muitos modelos de benchmarking utilizam, como parâmetros, indicadores de desempenho e boas práticas ao mesmo tempo. É o caso do Probe e Microscope, apresentados no capítulo 3, e exemplificados nas escalas Likert das figuras 3.4 e 3.5.

2.3. Conforme a aplicação (Onde comparar?)

De acordo com a aplicação, o benchmarking pode ser classificado em:

- **Empresarial:** é o tipo mais comum. Nesse caso, as empresas aprendem umas com as outras, trocando informações entre si. Dependendo do objetivo do estudo, podem ser comparadas empresas do mesmo porte, do mesmo setor ou do mesmo local e escopo de atuação. O melhor desempenho serve como referência para o processo de melhoria.

- **Setorial:** comparam-se diferentes setores econômicos. Observa-se que alguns setores são mais dinâmicos do que outros e podem servir continuamente como modelo. As práticas de excelência podem ser "aproveitadas" de um setor para outro. Como exemplo, citam-se as práticas de JIT, inspiradas nos supermercados e desenvolvidas no setor automotivo, que foram adaptadas para muitos outros setores industriais e de serviços.

- **Estrutural**: o escopo para comparação pode ser econômico, social ou geográfico. É possível comparar desempenhos de cidades, regiões, países e blocos econômicos, como também, redes de empresas, cadeias produtivas e outras formas de arranjos produtivos (APs).

2.4. Conforme a empresa parceira (Com quem comparar?)

Esse é um tipo de benchmarking empresarial. De acordo com a escolha do parceiro, ele pode ser:

- **Benchmarking interno:** é o benchmarking que ocorre dentro de uma empresa ou entre empresas de um grupo empresarial. Essa é a forma mais fácil e menos custosa de realizar um benchmarking, pois oferece menores restrições para coleta de informações e mudanças nos processos. Nesse tipo de benchmarking, a empresa objetiva aprender a partir da sua própria estrutura. São estudadas e comparadas similaridades entre as áreas internas, funções ou atividades, objetivando conhecer o desempenho potencial da empresa, seus pontos fortes e áreas de melhorias. Desta maneira, são coletadas informações de forma transparente que, frequentemente, poderão ser utilizadas para realizar o benchmarking externo. Seu potencial de melhoria é menor do que o externo, mas valoriza os colaboradores internos. O benchmarking interno não é indicado para PMEs, pois oferece poucos subsídios para comparação e pouco potencial para melhoria. Ex.: produtividade em filiais de um banco e de uma rede de farmácias.
- **Benchmarking externo:** benchmarking é uma técnica de olhar de dentro para fora. Nesse tipo de benchmarking são comparadas informações internas com informações de outras empresas. Pode ser aplicado para empresas concorrentes, de mesmo ou de diferentes setores, mas que tenham características semelhantes, e pode ser subdividido em:
  » **Competitivo:** é o benchmarking realizado entre empresas concorrentes, como foi o caso da Xerox e Cannon, comparando impressoras. O seu uso é marcado pela dificuldade em encontrar parceiros concorrentes que queiram trocar informações. Em alguns casos, contrata-se uma consultoria para mediação. Não deve ser confundido com espionagem e pode gerar problemas com direitos e patentes. Nesse benchmarking, o potencial de aumento de competitividade é considerável.

» **Funcional:** pressupõem que se pode aprender com empresas não concorrentes e de outros setores, comparando funções similares. Nesse caso, a escolha dos parceiros e a troca de informação são menos difíceis. Através desse benchmarking, é possível identificar as melhores formas de trabalho e adaptá-las. É muito utilizado para comparar funções de PMEs, a partir de um banco de dados pré-existente, com empresa de atividade semelhante. Nota-se que as empresas podem atuar no mesmo setor e não serem concorrentes. Ex.: duas matrizarias do setor automotivo fazem produtos diferentes. Uma produz matriz para peças de plástico (injeção) e outra para peças metálicas estampadas (prensa). Nesse tipo de benchmarking externo, as empresas não concorrem entre si.

2.5. Outras denominações de benchmarking

- **Benchmarking industrial:** esse termo está relacionado com o modelo de benchmarking coordenado pelo IEL/SC e compara indústrias de diversos setores com indicadores de desempenho e boas práticas. No capítulo 4, é explicado esse modelo.
- **Benchmarking genérico:** é o benchmarking que busca identificar as práticas de excelência, comparando processos ou funções específicas, independentemente do setor de atuação. Como exemplos, cita-se a comparação entre os processos de compras ou de serviços de atendimento ao cliente de uma empresa aérea com uma de telefonia. Objetiva-se encontrar oportunidades de melhorias de métodos e práticas, muitas vezes, ainda não implementadas em um determinado setor. O aprendizado requer uma cuidadosa compreensão do processo a ser otimizado. Foi assim chamado por Robert Camp e é considerado uma forma mais avançada de benchmarking que oportuniza comparar processos com abordagens muito diferentes (Camp, 1994).

- **Benchlearning:** também conhecido como benchmarking de competências. Esse conceito enfatiza a mudança de foco do benchmarking competitivo, voltado principalmente ao produto para o aprendizado de boas práticas com empresas parceiras. O foco deixa de ser aprender dos outros, para aprender com os outros. A seguinte definição ressalta esse conceito: "Benchmarking é o processo de identificar e aprender com as melhores práticas de outras organizações". É uma ferramenta poderosa na busca de melhores desempenhos e da melhoria contínua.
- **Benchmarking do capital intelectual:** compara valores imateriais, considerados fatores de sucesso estratégicos. Esse benchmarking apoia a estruturação e a gestão do capital intelectual empresarial. Considera as boas práticas relacionadas ao Capital Humano (competências, motivação, liderança, desenvolvimento pessoal, entre outros), ao Capital Estrutural (inovação, cultura, cooperação, comunicação, entre outros) e ao Capital Relacional (relacionamento com os *stakersholders* e outros parceiros e interessados). A empresa interessada preenche um relatório disponível *on-line* e recebe um relatório comparativo de Capital Intelectual.

A Figura 2.1 sintetiza a tipologia apresentada de benchmarking.

de acordo com o OBJETO (o que comparar)		
Produto	Processo	Estratégico
de acordo com o PARÂMETRO (desempenho *versus* práticas)		
Desempenho (indicadores)		Práticas de excelência
de acordo com a APLICAÇÃO (onde comparar)		
Setorial (entre diferentes setores)	Empresarial (entre empresas)	Estrutural (econômico, social, geográfico)
Empresa parceira (com quem comparar)		
Interno		Externo
Uma empresa ou grupo empresarial		Competitivo ou funcional

FIGURA 2.1: TIPOS DE BENCHMARKING

Os diversos tipos de benchmarking não são exclusivos, mas, sim, complementares. Bhuta e Huq (1999) propõem uma matriz bidimensional para identificar o relacionamento (fraco, médio e forte) entre os tipos de benchmarking. A matriz (Figura 2.2) correlaciona "o que comparar" com "onde comparar". Observe, por exemplo, que desempenho tem uma relação forte com o benchmarking do tipo "externo" competitivo.

O que comparar	Interno	Externo Competitivo	Funcional	Genérico
Desempenho	médio	forte	médio	fraco
Práticas de excelência	médio	fraco	forte	forte
Processos	médio	fraco	forte	forte
Produto	fraco	forte	médio	fraco
Estratégico	fraco	forte	fraco	fraco

FIGURA 2.2: MATRIZ DE RELACIONAMENTO ADAPTADA DE BHUTA E HUQ (1999)

Este capítulo finaliza com exemplos, vantagens e desvantagens do benchmarking empresarial conforme ilustrados na Figura 2.3.

Benchmarking Empresarial			
Tipos	Exemplos	Desvantagens	Vantagens
INTERNO	Agências do Banco Brasil em vários Estados.	Processos já conhecidos (viciados) com menores oportunidades de melhorias. Foco na eficiência interna.	Facilidade em obter informações e ser menos burocrático. Fácil transferência de conhecimento.
COMPETITIVO	Brahma com Heineken Pão de Açúcar com Carrefour.	Dificuldade em coletar informações e encontrar parceiros.	Processos similares e alto benefício competitivo.
FUNCIONAL	SAC e aquisição da Souza Cruz e da Cervejaria Brahma	Pode haver diferenças entre os processos.	Comparação com novos métodos e tecnologias.

FIGURA 2.3: EXEMPLOS, VANTAGENS E DESVANTAGENS DO BENCHMARKING EMPRESARIAL

Alguns modelos de benchmarking são motivados por prêmios. As melhores empresas são reconhecidas publicamente e convidadas para apresentar os seus casos de sucesso. Observa-se que o prêmio é baseado na premissa de que empresas de sucesso não têm receio de se compararem com as melhores. Pelo contrário, elas usam o benchmarking como uma ferramenta gerencial efetiva para se comparar com as melhores empresas dentro e fora do seu setor de atuação. Assim, conhecem melhor o seu posicionamento, suas forças e fraquezas, e estarão mais preparadas para buscarem novos objetivos. Ese é o caso do Prêmio "Fábrica do Ano" apresentado no próximo capítulo.

>> Capítulo 3
Modelos de Benchmarking

Neste capítulo são apresentados modelos típicos de benchmarking com o intuito de descrever suas principais caraterísticas como concepção, fases de realização, indicadores e tipos de relatórios gerados. O leitor é convidado a ter uma visão estruturada dos diferentes modelos de benchmarking e sua aplicabilidade. O capítulo inicia com o modelo clássico de benchmarking e suas variantes e é finalizado com um estudo comparativo dos modelos apresentados.

3.1. Modelos clássicos

Tradicionalmente, os métodos utilizados para o processo de benchmarking são representados por quatro e cinco fases, conforme apresentado na Figura 3.1. Os métodos clássicos são:

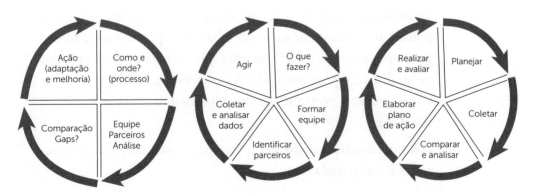

FIGURA 3.1: MÉTODOS CLÁSSICOS DE BENCHMARKING

Benchmarking – Manual, Teoria e Prática

a) **método de quatro fases** (Pulat, 1994 apud Wong e Wong, 2008): é baseado no ciclo do PDCA de Deming. No planejamento (P), ocorrem decisões referentes ao tipo e objetivo do benchmarking que será realizado. Na fase de realização (D), são definidos a equipe e os parceiros. Os processos são caracterizados através de métricas pelas empresas parceiras. Na fase de controle (C), são comparadas as informações e identificados os gaps existentes. Na última fase (A) do ciclo, são definidas as ações de melhoria.

b) **método de cinco fases:** é também conhecido como a **Roda do Benchmarking** (Bhutta e Faizul, 1999 ; Spendolini, 1992). É o método adaptado de Camp (1989) e frequentemente usado para definir as principais etapas de um benchmarking, como:

 » **determinar o objeto do estudo (O que fazer?)**: a direção da empresa define os objetivos e o objeto do benchmarking com orientação e alinhamento estratégicos;

 » **formar equipe:** é definida a equipe de benchmarking. Essa equipe recebe treinamento da ferramenta de benchmarking e desenvolve o plano de atividades com designação de responsabilidades e as principais etapas do projeto. A duração típica de um projeto é de seis meses. A equipe define os processos que serão comparados. Um conhecimento profundo desses processos é considerado como forte fator de sucesso para o projeto;

 » **identificar parceiros**: a equipe identifica as empresas parceiras potenciais, consideradas *world class,* nos processos definidos na etapa anterior, como por exemplo, vencedores de prêmios de qualidade e produtividade. As empresas candidatas são convidadas com a oferta de compartilhamento de informações e relatórios;

 » **coletar e analisar dados:** as informações são coletadas, processadas e comparadas.

É importante relacionar *gaps* nos desempenhos com as práticas que devem ser melhoradas;

- **agir:** nessa etapa são adaptadas e implementadas as melhores práticas identificadas nas empresas parceiras. As práticas precisam ser compatíveis com os recursos humanos, com a tecnologia e com a cultura organizacional. O planejamento das ações e a formulação de objetivos são realizados nessa etapa final.

Na literatura, são descritos métodos com até 33 fases, seguindo o ciclo do PDCA. O método genérico é uma tentativa de compilar alguns deles em cinco fases, identificando suas principais atividades. Esse método foi adaptado de Ribeiro (2004).

c) Método genérico:

> **planejamento do projeto:** no planejamento, ocorre a definição dos objetivos estratégicos, do objeto do benchmarking e de suas métricas, ou seja, é estabelecido "o que" e "como" será comparado. São definidas as áreas, as funções, os processos a serem melhorados e os resultados esperados. É necessária a aprovação e o comprometimento da direção. A equipe de benchmarking é formada, treinada e são definidas as respectivas responsabilidades, além de ser realizado o plano de coleta de informações;

> **coleta de informações:** nessa etapa são mapeados os processos e coletadas as informações internas e externas das empresas parceiras. Não se deve perder o foco no planejado definido como estratégico. São elencados e contatados os parceiros externos potenciais do benchmarking. No envolvimento de várias empresas, é necessário que sejam conhecidas as expectativas de todos os parceiros. A escolha das empresas deve seguir critérios estabelecidos, a conveniência da realização, junto a empresas com boa reputação, o desempenho na área identificada e "abertas" para projetos dessa natureza. Muitas vezes uma empresa mediadora, sindicato patronal ou centro de benchmarking, presta esse serviço. É importante preparar e coletar o máximo de informações sobre a empresa externa, como produtos, processos, mercados, prêmios conquistados, entre outros. Entre os

métodos de coleta de dados, destacam-se: entrevistas, questionários, reuniões de trabalho e visitas locais;

» **comparação e análise de dados:** após a coleta das informações, é realizada a análise dos resultados pela equipe de benchmarking. As informações devem ser sistematizadas e organizadas. Logo após, é necessário comparar as diferentes atividades, utilizando as métricas definidas na etapa de planejamento. Os dados devem ser interpretados cuidadosamente e recomenda-se realizar um estudo de correlação ou causa-efeito, para determinar as melhores práticas a serem implementadas. É importante a identificação das áreas de melhorias e a projeção de níveis futuros de desempenho. As ações devem ser amplamente discutidas com as partes interessadas. Recomenda-se elaborar e divulgar um relatório com as análises realizadas;

» **elaboração do plano de ação:** nessa etapa, são priorizadas as ações consideradas mais importantes sobre o ponto de vista estratégico e de ganhos potenciais. Deve-se planejar como serão implementadas as soluções, as melhorias propostas e respectivas metas. Um maior envolvimento das áreas participantes facilita a aceitação e a implementação das ações. As ações devem ser implementadas por responsáveis definidos no plano de ação com os respectivos prazos;

» **realização e avaliação:** após a implementação, é avaliada a eficácia de cada ação nas métricas preestabelecidas. Como o processo é contínuo, recomenda-se relatar as "lições aprendidas" para obter maiores benefícios na sua repetição. O monitoramento das ações e objetivos é fundamental para a avaliação do processo.

Observa-se que os métodos são similares e baseados no ciclo de melhoria contínua do PDCA, de Deming. Estes métodos representam o modelo clássico de fazer benchmarking. Eles servem de base para muitas empresas e reproduzem a ideia de sequência e continuidade das principais atividades do benchmarking. Cada empresa adapta o método conforme seus valores, recursos e necessidades. As etapas metodológicas de um benchmarking estruturado e utilizado por grandes empresas foram agrupadas nas fases do PDCA e comparadas na Figura 3.2 (Ribeiro, 2004; Mertins, K., H. Kohl; 2009 ; Siebert, G.; Kempf, S., 1995):

Etapas PDCA	3 M	XEROX - CAMP (Camp; 1994)	AT&T	Spendolini (1992)
P L A N E J A R	• definir os fatores críticos para a satisfação dos clientes; • definir o projeto e objetivos.	• definir áreas e níveis de desempenho • identificar empresas parceiras; • definir método de coleta de dados internos e externos.	• identificar os clientes; • avaliar expectativas e barreiras; • estabelecer objetivos; • preparar a equipe; • obter comprometimento da direção.	• definir clientes, áreas e alvos; • identificar informação; • identificar fatores críticos de sucesso; • identificar recursos necessários; • formar a equipe; • identificar empresas parceiras.
E X E C U T A R	• coletar dados internos; • identificar empresas *world class*; • realizar visitas para coleta de dados.	• identificar *gaps* e as suas causas; • estabelecer novas ações e níveis de desempenho; • comunicar os resultados e obter concordância.	• estabelecer o método de coleta; • definir o perfil dos parceiros; • analisar as fontes de informações; • documentar os processos; • definir indicadores; • realizar visitas para coleta de dados.	• coletar os dados.
A N A L I S A R	• identificar *gaps* e *causas*; • identificar fatores de sucesso; • definir objetivos; • definir plano de ação.	• estabelecer alvos funcionais (metas); • desenvolver planos de ação.	• organizar e analisar os dados; • recomendar ações.	• analisar dados; • recomendar ações.

Etapas PDCA	3 M	XEROX - CAMP (Camp; 1994)	AT&T	Spendolini (1992)
M E L H O R A R	• implementar plano de ação; • melhorar continuamente.	• implementar ações e monitorar os resultados; • recalibrar as referências e realizar novas aplicações.	• implementar ações; • continuar o processo de melhoria.	• apresentar resultados aos clientes; • identificar potenciais melhorias; • acompanhar as ações.

FIGURA 3.2: MODELOS ESTRUTURADOS

Observa-se que os quatro métodos apresentam sequenciamento e quantidades de etapas diferenciadas e adaptadas dos métodos clássicos, apresentados no início deste capítulo. Dessa forma, cada empresa adapta o método às suas necessidades e características, dependendo da complexidade e dos objetivos almejados.

3.2. Benchmarking Consorcial (BC)

Este modelo tornou-se público em 1993, através do APQC, e continua sendo muito utilizado (APQC citado por Kohl, 2007). Consiste na formação de um consórcio entre empresas com a finalidade de realizar um projeto de benchmarking.

Entre as empresas participantes, estão as que formam o consórcio e financiam o projeto, e as empresas que fornecem informações de referência como as melhores práticas. Esse modelo é utilizado preferencialmente por grandes empresas e tem as seguintes fases:

1. elaboração do pré-projeto (o que será feito);
2. lançamento do projeto (*kick-off*);
3. planejamento do projeto (*screening*);
4. revisão do projeto (objetivos e conteúdo);
5. preenchimento dos questionários e visitas às empresas (referenciais);
6. elaboração do relatório final e apresentação.

Na fase do pré-projeto, normalmente, um Centro de Benchmarking (CB) propõe o conteúdo do projeto. É sugerido um questionário com os respectivos critérios e métricas, e convidam-se as empresas que formarão e financiarão o consórcio. Na fase dois, é consensado o conteúdo do benchmarking e seus objetivos pelos representantes do consórcio, com apoio do CB. Nessa fase, os participantes são treinados sobre a realização do benchmarking. Na terceira fase, o CB sugere uma lista de empresas que servirão de referência (melhores práticas). Essa lista e os objetivos do projeto serão revisados na fase seguinte. Os dados são fornecidos pelas empresas consorciadas e são analisados e processados pelo CB. Durante as visitas, o CB valida os dados coletados das empresas participantes. O relatório final do CB é distribuído igualmente para todos os participantes. Além do relatório final, ocorre informalmente, entre as empresas, o aprendizado através da troca de experiências. Cada participante define ações prioritárias decorrentes dos resultados obtidos. Todo o processo é estimado em cerca de nove meses, com investimento médio de 11 a 15 dias/homem de trabalho (Schweikert citado por Kohl, 2007).

Para realização do BC, é necessário ter conhecimento prévio do setor e das métricas utilizadas. As empresas participantes, normalmente, possuem poucas informações sobre o setor e têm pouca experiência na condução desse tipo de estudo. Os custos do BC não são tão elevados, se comparados com os dos estudos individuais.

3.3. Benchmarking de Processos (BP)

Este modelo compara processos de empresas, independentemente do tamanho e setor. Ele foi desenvolvido, em 1994, pelo Centro de Informação de Benchmarking (IZB) do Instituto Fraunhofer de Sistemas de Produção e Design (IPK), de Berlin. Seu objetivo é mapear os processos, para depois otimizá-los. O método inicia por uma única empresa que modela os seus processos e os analisa através de indicadores, comparando-os com uma empresa referência. Esse modelo é realizado nas seguintes cinco fases (Figura 3.3):

FIGURA 3.3: O MÉTODO DE CINCO FASES DO IPK

a) formulação dos objetivos do benchmarking:
   » alinhamento com os objetivos estratégicos;
   » formação da equipe;
   » formulação dos objetivos.

b) análise interna:
   » modelagem dos processos do negócio;
   » identificação (indicadores e fatores de sucesso);
   » elaboração do questionário;
   » coleta dos dados internos.

c) comparação:
   » seleção das empresas parceiras;
   » contato e coleta dos dados externos;
   » comparação e análise dos dados coletados;
   » interpretação;
   » relatório de "pontos fortes e de melhorias";
   » elaboração e divulgação do relatório.

d) desenvolvimento das ações:
- » individualmente por empresa;
- » elaboração do plano de ação.

e) aplicação do plano de ação:
- » implementação das ações;
- » comparação com a situação anterior.

Na definição dos objetivos do projeto, considera-se o nível estratégico da empresa. Exemplos de objetivos de projeto: a) redução de custos variáveis, b) redução do tempo de setup, c) aumento da satisfação interna e d) redução do percentual de padronização dos processos. A fase de análise interna é a mais crítica e consome quase 50% do tempo total do projeto. É necessário *expertise* para o mapeamento e a modelagem dos processos. O IZB desenvolveu uma metodologia para conduzir projetos dessa natureza. Nessa fase, desenvolve-se um sistema de medição para avaliação de desempenho dos processos, e, já é possível identificar os fatores de sucesso e potencial de melhorias. Na terceira fase, é feita a comparação dos processos e indicadores com uma ou mais empresas referência convidadas. Nessa fase, ocorre a troca de informações e o aprendizado mútuo. Por último, são planejadas e realizadas as ações de melhorias.

Observa-se que, tanto o modelo Consorcial Benchmarking quanto o Benchmarking de Processos têm objetivos de aplicação mais específicos.

3.4. Promoting Business Excellence (PROBE) e Microscope

O PROBE foi desenvolvido pela London Business School (LBS) e IBM Consulting Group da Inglaterra, em 1994, com apoio da Confederação das Indústrias Inglesas (CII). O projeto foi coordenado pelo então Diretor do Centro de Gestão de Operações da LBS, Prof. Chris Voss, e pelo Diretor da IBM Consulting de Práticas de Manufatura da Europa, Philip Hanson. Mais tarde, foram desenvolvidos módulos específicos para serviços (Service PROBE), para gestão ambiental, para segurança e para saúde (CONTOUR), bem como o modelo conhecido como Microscope, ou modelo *World-Class,* para PMEs (até 250 funcionários).

A origem desses modelos está relacionada com o estudo "*Benchmarking Made in Europe*", envolvendo 663 empresas da Alemanha (210), Finlândia (24), Holanda (101) e Inglaterra (328). Os principais objetivos do estudo foram (Voss et al., 1995):

- examinar como as empresas adotam as práticas de excelência;
- identificar quantas delas podem ser consideradas *world class*;
- identificar os benefícios da adoção das melhores práticas para alcançar desempenhos superiores;
- identificar estratégias adotadas pelas empresas;
- entender o efeito da origem, setor e porte das empresas na matriz;
- entender as diferenças e semelhanças entre os quatros países;
- comprovar a tese que as melhores práticas resultam nas melhores performances.

Ao contrário dos modelos anteriores descritos, o PROBE foi inicialmente baseado em 46 questões pré-definidas e derivadas de seis categorias que descrevem uma empresa classe mundial (*world class*). As categorias são: Sistema da Qualidade, Engenharia Simultânea, Produção Enxuta, Sistema de Produção, Logística, Organização e Cultura (Collins et al., 1995 e Kohl, 2007). O questionário foi validado através da sua aplicação em empresas por consultores treinados. As questões foram respondidas em uma escala de Likert de 1 a 5. O número 1 (um) corresponde à posição inferior da prática ou da *performance* e o 5 (cinco) corresponde à posição superior. Foram descritos critérios para as posições da escala 1, 3 e 5. As posições 2 e 4 correspondem às situações intermediárias ou quando se aplica parcialmente à empresa, isto é, quando a prática ou a performance não estão implementadas na sua totalidade.

Como exemplo, citam-se três práticas e três *performances* utilizadas no programa desenvolvido pela UNITED NATIONS INDUSTRIAL DEVELOPMENT ORGANIZATION (UNIDO), para promover a inserção de empresas africanas na cadeia global de fornecimento (UNIDO, 2013). Observe as posições intermediárias na escala das Figuras 3.4 (práticas) e 3.5 (*performance*).

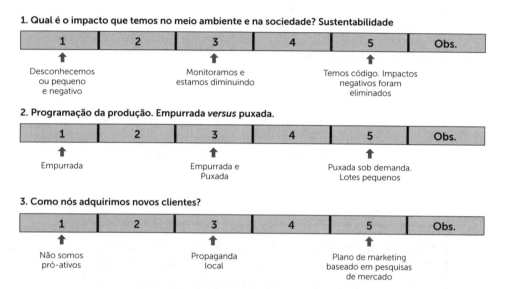

FIGURA 3.4: EXEMPLOS DE PRÁTICAS.
FONTE: BASEADO NO UNIDO (2013)

O questionário utilizado pela UNIDO SPX Supplier Benchmarking Tools, baseado no PROBE, está descrito no Anexo C e foi traduzido e adaptado pelos autores. Ele contém sete áreas com 54 questões e, em alguns casos, exemplos de evidências necessárias para indicar a posição 5 da escala. A escala representa variáveis qualitativas ordinais categorizadas de 1 a 5, seguindo uma lógica crescente, ou seja, de uma posição inferior para superior. Algumas categorias são exemplificadas com variáveis quantitativas.

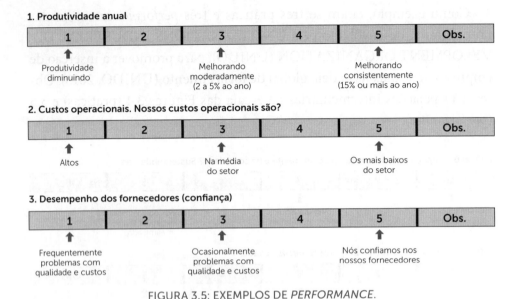

FIGURA 3.5: EXEMPLOS DE *PERFORMANCE*.
FONTE: BASEADO NO UNIDO (2013)

> Observe a riqueza de indicadores do questionário PROBE/UNIDO, descritos no Anexo C. Comparando com os demais questionários dos anexos, é possível fazer um benchmarking dos modelos existentes.

As médias obtidas pelas práticas e pelas *performances* posicionam uma determinada empresa em relação às demais. A localização da empresa, no gráfico da Figura 3.6, identifica em que categoria ela se posiciona, podendo variar desde a categoria "classe mundial", até uma categoria mais ou menos promissora, ou ainda, estar localizada na categoria considerada "retardatários" ou "saco de pancadas". Nesse caso, o desempenho poderia ser melhor, e existe espaço para melhorar, pois a empresa encontra-se numa posição crítica para permanecer competindo no mercado. No eixo das abcissas (X), está localizado o índice médio obtido das práticas, e no eixo das coordenadas (Y), a média obtida nas questões de *performance*.

> Lembre-se que são as práticas de excelência que levam a desempenhos superiores.
>
> O desempenho superior será alcançado através das práticas de excelência.

Os autores do estudo definiram como classe mundial, um determinado ponto que uma empresa poderá atingir um certo nível de práticas e *performance*. Esse ponto foi de 80% ou mais, para as práticas e para as *performances*, conforme se verifica Figura 3.6 (Voss et al., 1995).

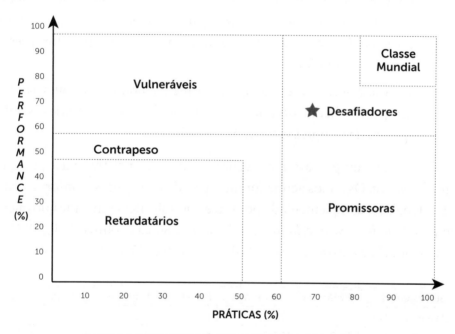

FIGURA 3.6: MATRIZ PRÁTICAS *VERSUS PERFORMANCE*

Os principais resultados do estudo "*Benchmarking Made in Europe*" foram (Voss *et* al., 1995).:

- classe mundial: somente 14 empresas (2,8%) alcançaram 80% ou mais para práticas e *performances*;

- desafiadores: 52,2% das empresas têm o potencial para competir internacionalmente e, com um pouco mais de esforço, se tornarem classe mundial;
- promissores: 15,1% das empresas investiram esforço e tempo nas práticas, mas ainda não obtiveram os benefícios em termos de resultados (*performance*);
- vulneráveis: são empresas que não vão muito longe e têm apresentado performance além do esperado. 9% das empresas poderão perder essa posição em longo prazo pois não possuem práticas para sustentá-la;
- contrapesos: as 16,9% das empresas nessa categoria apresentam *gaps* de práticas e *performances* para competir no mercado internacional. Elas precisam realizar mudanças radicais para tornarem-se classe mundial;
- retardatários: esse é o grupo com menor pontuação, ou seja, desempenho menor do que 50% para *performance* e prática, sendo que 4% das empresas ficaram nessa área.

Os estudos comprovaram uma correlação forte e positiva entre práticas e *performance*. Os dados acima foram separados por países, conforme Tab. 3.1. A tabela foi complementada por um estudo similar com o mesmo questionário "*Made in Switzerland*", conduzido na Suíça (Collins et al., 1995), e com o modelo Microscope para PMEs da Europa (Voss et al., 1998).

Valores em %	Finlândia	Alemanha	Holanda	Inglaterra	Suíça	PMEs
Classe Mundial	0	2,9	1,0	2,3	2,6	1,0
Desafiadores	34,8	53,3	48,0	40,3	75	51,2
Promissoras	39,1	16,7	22,4	17,7	6,9	26,8
Vulneráveis	4,3	8,6	11,2	9,5	7,8	6,7
Contrapesos	21,7	17,6	16,3,	22,6	6,0	9,4
Retardatários	0	1,0	1,0	7,5	1,7	5

TABELA 3.1: CLASSIFICAÇÃO NA MATRIZ PRÁTICAS *VERSUS PERFORMANCE*

Observa-se que a escolha das empresas foi aleatória e não é representativa. As empresas pertencem a diversos setores. Um exercício interessante seria comparar desempenhos de empresas e países pelo somatório dos percentuais "classe mundial e desafiadores", com o somatório das demais categorias. As diferenças entre os países ficam mais evidentes, conforme mostrado na Tabela 3.2. Observa-se que as empresas suíças estão mais preparadas para competir.

Valores em %	Finlândia	Alemanha	Holanda	Inglaterra	Suíça	PMEs
Classe Mundial Desafiadores	34,8	56,2	49	42,6	77,6	52,2
Promissoras Vulneráveis Contrapesos Retardatários	65,2	43,8	51	57,4	22,40	47,8

TABELA 3.2: CLASSIFICAÇÃO AGREGADA PRÁTICAS *VERSUS PERFORMANCES*

O PROBE é continuamente atualizado pela empresa inglesa Comparison International Ltd., com sugestões da sua rede de benchmarking, representada em mais de 40 países. A Figura 3.7 destaca a estrutura dos índices utilizados no modelo atual.

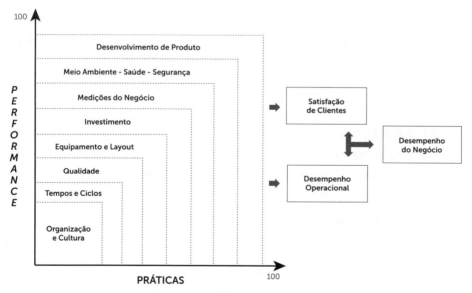

FIGURA 3.7: ÁREAS DO PROBE

Benchmarking – Manual, Teoria e Prática | 47

Observam-se práticas e indicadores de performance relativos a oito áreas, e indicadores relativos a resultados do cliente, resultado operacional e do negócio.

Novos desenvolvimentos do PROBE incluíram variantes específicas para indústria, serviços, PMEs, educação, agronegócio, setor público, liderança, pessoas e sustentabilidade. Para a indústria de serviços e para as PMEs, são oferecidos benchmarking em três níveis: "introdutório, *standard* e avançado". Esse modelo foi atualizado com questões relativas à Inovação, Sustentabilidade, Uso Eficiente de Recursos, Economia Digital e Resultados do Negócio.

O método de aplicação proposto pela Comparison International Ltd. consiste das seguintes cinco etapas, caracterizadoras de um diagnóstico por autoavaliação facilitado por um consultor externo (PROBE, 2008):

a) **preparação (questionário):** definir o escopo de aplicação, podendo ser um departamento, uma equipe, uma unidade fabril ou toda a organização. Após, é escolhida a equipe responsável pelo benchmarking. Os membros da equipe devem representar os diversos níveis e as áreas da organização. Uma equipe típica pode ser constituída de um (1) Diretor ou representante, 1 a 2 gerentes, 1 a 2 supervisores e 2 colaboradores, o que perfaz, em média, de 5 a 7 pessoas. Devem-se escolher pessoas dispostas a expressar suas opiniões e respeitadas na organização. Evita-se um número excessivo de gerentes. A equipe de uma PME pode variar de 3 a 5 pessoas, com representantes das áreas de logística e produção, finanças e comercial;

b) **entendimento (pré-encontro):** cada participante da equipe recebe uma cópia do questionário "PROBE *Industrial*" e responde individualmente as 54 questões. Para cada questão, é previsto o tempo de um minuto por resposta. As dúvidas serão comentadas na reunião de consenso. Nessa reunião, o líder do grupo revê os objetivos do processo e busca um consenso de pontuação. As questões polêmicas são encaminhadas para a próxima etapa. O líder da equipe repassa as informações para o facilitador externo;

c) **análise (*workshop*):** o facilitador visita a empresa e repassa a pontuação com a equipe, buscando validar as questões pontuadas. Durante o *workshop*, com a equipe e convidados, o facilitador analisa a pontuação e comenta o posicionamento da empresa e seus principais *gaps*;

d) **reflexão:** dentro de duas semanas, o facilitador envia o relatório resumindo as principais conclusões da etapa anterior. No relatório, consta a posição da empresa na matriz práticas *versus performance*, comparando com alguns grupos de empresas predeterminados;

e) **plano de ação:** a equipe de benchmarking, juntamente com os responsáveis das áreas, propõe um plano de ação baseado nas conclusões do relatório. O facilitador deve apoiar a realização de um plano efetivo e abrangente para atingir os objetivos propostos.

Para realizar o método descrito estima-se a seguinte duração, por etapa e participante:

a) preparação (questionário): 1 a 2 horas;

b) entendimento (pré-encontro): 3 a 4 horas;

c) análise (*workshop*): 4 a 5 horas;

d) reflexão: facilitador (duas semanas);

e) plano de ação: 11 a 15 horas, durante 3 a 4 semanas.

O tempo total é estimado de 19 a 27 horas por participante, em 4 meses. Os relatórios podem ser estratificados por:

- países e "todas" as empresas;
- faturamento e número de funcionários;
- setor de atuação e código de atividade NACE.

Os seguintes gráficos facilitam a compreensão do posicionamento da empresa:

a) **gráfico de dispersão:** um relatório típico do PROBE é o gráfico de dispersão, comparando "todas as empresas" (retângulo) com empresas de um determinado setor (circunferência) e com a empresa estudada (estrela), conforme Figura 3.8.

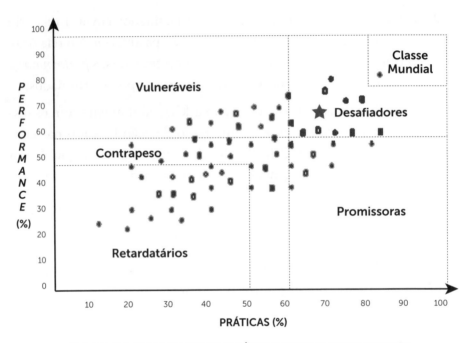

FIGURA 3.8: BENCHMARKING PRÁTICAS *VERSUS PERFORMANCE*

b) **análise boxplot (*performance* e prática):** a posição da empresa é apresentada em quartis, comparativamente em performance e práticas. Verifica-se a posição relativa da empresa em uma determinada categoria, comparando o uso das práticas e os resultados alcançados. A empresa "líder do setor" está posicionada no quartil superior somente nas práticas 1 e 2. Nas práticas 3 e 4, seu desempenho está no segundo quartil.

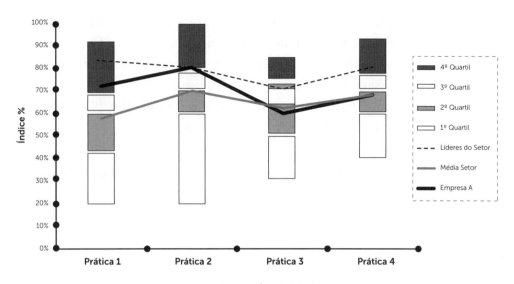

FIGURA 3.9: ANÁLISE BOXPLOT

c) **gráfico "Potencial de Melhoria"**: este gráfico apresenta as questões em que uma determinada empresa teve desempenho superior (positivo) ou inferior (negativo), comparando com as empresas líderes.

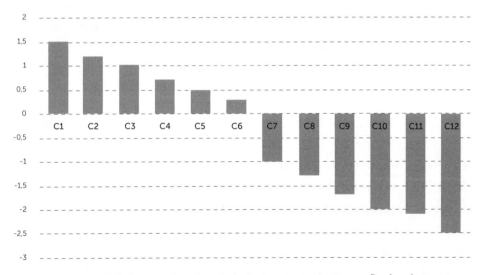

FIGURA 3.10: POTENCIAL DE MELHORIA (DIFERENÇA EM RELAÇÃO ÀS LÍDERES)

O modelo Microscope foi desenvolvido para apoiar o desenvolvimento de PMEs na Europa, com apoio do European Social Fund (ESF) e sete países europeus. Foi adaptado do PROBE e serve como primeiro passo para que as PMEs possam melhorar os seus processos. O porte das empresas, considerando o número de empregados, pode ser: micro (1 a 19), pequeno (20 a 50) e médio (51 a 200). O banco de dados do Microscope possui mais de 4.000 empresas cadastradas (Kohl, 2007).

A aplicação desse modelo é acompanhada por um consultor acreditado, e é realizada nas seguintes etapas:

1. escolha da equipe de trabalho na empresa;
2. apresentação dos objetivos;
3. apresentação e preenchimento de um questionário pela empresa;
4. transferência das informações para o banco de dados;
5. elaboração do relatório pelo consultor;
6. elaboração do plano de ação pela empresa.

O Microscope possui um questionário com 45 critérios, em escala qualitativa de 5 posições (1-2-3-4-5). As empresas são classificadas e comparadas pelo número de trabalhadores (<5, 5-20, 21-50, >50), pelo país e pelo código de classificação industrial (SIC) de um nível.

3.5. Benchmarking Index (BMindex)

O Benchmarkindex (BMindex) foi desenvolvido em 1996 pelo Department of Trade and Industry (DTI), da Inglaterra, e difundido através do projeto Regions Enterprises European Transnational Co-operation Actions (REACTE), nos anos de 2000 a 2002, quando foram criados oito centros de benchmarking europeus. O REACTE foi apoiado pela União Europeia com objetivo de comparar PMEs europeias e reduzir *gaps* entre empresas e regiões. Ao todo foram cadastradas 1.101 empresas industriais e 289 empresas de serviços (Mertins, K., H. Kohl, 2009). Os principais resultados desse estudo europeu com BMindex foram:

- existem grandes diferenças entre as PMEs dos países pesquisados;
- existe uma grande lacuna entre as melhores empresas ranqueadas e as piores. As 25% do nível inferior geram menos do que a metade das vendas por funcionários, e menos do que 15% do lucro das empresas do nível superior;
- mais de 25% das indústrias da amostra estão perdendo valor, ou seja, a rentabilidade do capital investido é menor do que o custo do capital;
- mais de 50% das PMEs da amostra não investe em P&D;
- as empresas situadas no quartil inferior recebem o dobro de reclamações do que as situadas no quartil superior;
- os funcionários estão insatisfeitos. As empresas do nível inferior precisam renovar anualmente 20% da sua força de trabalho. E 30% dos recrutados não ficam mais de seis meses na empresa.

O BMindex é um sistema computacional que, através de um questionário (Anexo A), permite que empresas possam ser comparadas entre si. Esse sistema funciona em rede, sendo que, após a inserção de dados, é possível gerar relatórios *on-line*. A empresa só é identificada uma vez no país de origem. O BMindex objetiva comparar PMEs de até 500 colaboradores e 100 milhões de euros de faturamento anual (IZB, 2008). Possui 34 indicadores qualitativos e 66 quantitativos com dados financeiros e de gestão, assim estruturados (Kohl, 2007 e Ribeiro, 2004):

- indicadores qualitativos discretos baseados nos critérios do Modelo de Excelência Empresarial do European Foundation for Quality Management (EFQM): Liderança, Política e Estratégia, Gestão de Recursos Humanos, Gestão de Recursos, Processos de Negócio, Satisfação de Clientes Externos e Internos, Impacto na Sociedade e Resultados Operacionais;

- indicadores quantitativos do tipo contínuo (ver anexos A e B):
  » indicadores financeiros: Rentabilidade (1 a 7), Gestão Financeira (8 a 15), Produtividade (16 a 19), Crescimento (20 a 22) e Investimento (40 a 45);
  » Indicadores de gestão: Satisfação do Cliente (23 a 28), Satisfação de Pessoas (29 a 34), Satisfação dos Funcionários (35 a 39), Inovação (45 a 51), Produção (52 a 63) e Fornecedores (64 a 66).

A Figura 3.11 apresenta a estrutura dos indicadores do BMindex. Os resultados são comparados com a média da amostra do banco de dados. Os nomes das empresas não são conhecidos.

FIGURA 3.11: ESTRUTURA DOS INDICADORES DO BMINDEX (KOHL, 2007)

Os indicadores quantitativos são coletados através de um questionário (Anexo A) com informações referentes ao desempenho nos dois últimos períodos (anos). Os valores informados geram os índices financeiros referenciados no Anexo B.

Exemplificando, o índice financeiro "rentabilidade do capital investido (I2 do Anexo B)" é obtido pela equação I2 = [Q7 / (Q17 + Q18 + Q19)] x 100, ou seja, das informações retiradas do questionário (Anexo A), como segue: Q7 = Lucro antes dos impostos, Q17 = Crédito de longo prazo, Q18 = Outros ativos de longo prazo e Q19 = Capital próprio.

O teste de liquidez imediata (I9), também conhecido como *acid test*, mostra a capacidade da empresa em cumprir com os seus compromissos financeiros de curto prazo. Ele é calculado a partir da fórmula I9 = (Q10 + Q12 + Q13) / (Q14 + Q15 + Q16), conforme descrito no Anexo B. Espera-se que as empresas apresentem um desempenho superior a 1. Esse indicador de insolvência financeira é um dos principais motivos para o fechamento de PMEs.

A segmentação das empresas é feita por critérios, como país de origem, faturamento, número de trabalhadores e código de classificação industrial da EU (NACE), similar ao internacional (SIC). Esse código, exemplificado na Figura 3.12, permite classificar empresas em 961 atividades. O BMindex utiliza o NACE em três níveis.

Exemplo de codificação SIC/NACE:

Ex.: 3465	Significado
3	Manufatura
34	Produtos metálicos
346	Forjaria ou estamparia
3465	Peças automotivas estampadas

FIGURA 3.12: CODIFICAÇÃO SIC/NACE

Embora o SIC permita uma comparação internacional por atividades, muitas vezes as empresas preferem comparar-se com outras de atividades ou setores mais dinâmicos. A comparação com SIC de mais níveis exige um número mínimo de empresas cadastradas no banco de dados naquela atividade específica. Indica-se um mínimo de dez empresas para emitir relatório.

Esse modelo possui as seguintes etapas programadas para serem realizadas em três dias:

1. preenchimento do questionário pela empresa (até 8 horas de duração);
2. validação dos dados preenchidos (consultor credenciado e limites estabelecidos);
3. transferência das informações validadas para o banco de dados (consultor);
4. elaboração do relatório (consultor credenciado através do banco de dados);
5. elaboração do plano de ação (empresa com auxílio do consultor).

Os relatórios gerados apresentam informações e gráficos segmentados por atividades, localidades e quantidades de funcionários. O faturamento pode ser classificado em 0-1, 1-5, 5-10, 10-50, 50-100 e maior do que 100 milhões de euros. A segmentação por quantidade de funcionários varia de menor do que 10, 20, 50, 100, 250, 500, a maior do que 500. Após informar os parâmetros, são gerados os relatórios com o posicionamento comparativo da empresa, da seguinte maneira:

No quartil	Valor correspondente à posição de:	Posição da empresa na amostra
Valor inferior	Pior valor ou desempenho encontrado	Última posição
Quartil inferior	Valor do desempenho de 25%	Superior a 25% da amostra
Mediana	Valor da mediana de 50%	Equivalente a 50% da amostra
Quartil superior	Valor relativo à posição 75%	Superior a 75% da amostra
Valor superior	Maior valor encontrado	Melhor desempenho

FIGURA 3.13: CRITÉRIO PARA O POSICIONAMENTO DE UMA EMPRESA

Um exemplo de relatório BMindex, mostrando o posicionamento relativo de uma empresa, é apresentado na Figura 3.14. A empresa estudada está na posição relativa 69 de um total de 181 empresas, no critério lucro líquido por faturamento. Ela apresentou o lucro líquido de 6.315 euros (€) por funcionário, sendo que o menor lucro por funcionário encontrado na amostra foi de 153 € e o maior foi de 21.171 €. Uma empresa que teve o lucro líquido por funcionário de 7.963 € ficaria na posição de 75% da amostra. Qualquer faturamento superior a esse colocaria a empresa entre as 25% melhores (quartil superior).

Indicador	Posição relativa	Valor absoluto (€)	Menor valor (€)	25% (€)	50% (€)	75% (€)	Maior Valor (€)	Tamanho da amostra
Lucro líquido/ n° de funcionários	69	6.315	153	1.457	3.895	7.963	21.171	181
Faturamento/n° de funcionários	79	11.321	48.762	66.307	84.319	105.081	204.935	181
Valor Agregado/ Faturamento	95	66.661	5.886	23.948	30.745	40.287	83.397	181

FIGURA 3.14: POSICIONAMENTO DAS EMPRESAS

Esse relatório mostra claramente o posicionamento individual de uma determinada empresa. É possível visualizar se o seu desempenho está entre as melhores, entre as piores ou na média. As seguintes perguntas são respondidas: A sua prática leva à excelência ou à posição média? deEla é líder ou seguidora? Qual é o seu posicionamento em relação às demais?

Para aumentar a segurança dos dados estatísticos, são retirados 5% dos valores superiores e inferiores da amostra, e essa não pode ser de tamanho inferior a dez empresas. A atualização do banco de dados é feita, anualmente, pela retirada de dados com mais de três anos. A descrição estatística dos quartis é detalhada no cap. 6, pela ferramenta *boxplot*.

Kohl (2007) observa que, na apresentação do relatório, são feitos alguns cálculos (ver equações do Anexo B) que o torna diferente da estrutura do questionário (Anexo A), e isso pode dificultar a aceitação do modelo, principalmente por PMEs.

Observa-se que o BMindex proporciona uma visão mais abrangente e estratégica que o modelo anterior, mas, por outro lado, exige maior esforço multifuncional no preenchimento do questionário e na sua intepretação. Para melhorar o desempenho dos indicadores é necessário identificar as práticas relacionadas.

Ribeiro (2004) aplicou o modelo em diversas empresas portuguesas e relata que uma estrutura relacional entre os fatores críticos e os indicadores financeiros, qualitativos e de gestão, facilitaria a realização da análise dos indicadores e dos relatórios.

Para finalizar, observa-se que esse modelo oferece indicadores, dados e fatos fundamentais para o *controlling* de uma empresa. O BMindex é uma ferramenta de controle gerencial e pode antecipar à direção da empresa pontos fortes e áreas de melhorias, comparativamente com outras empresas do mesmo setor.

Um exemplo prático da aplicação desde modelo é descrito no capítulo 7. Os indicadores de desempenho são agrupados em Rentabilidade, Gestão da Inovação, Satisfação dos Colaboradores e Produtividade, comparando um grupo de empresas portuguesas de componentes automotivos com as do BMindex. O modelo seguinte possui uma proposta de complementar o BMindex, facilitando sua aplicação. Os índices do BMindex foram agrupados nas perspectivas do Balanced Scorecard (BSC)

3.6. Modelo Integrado (MI) do IPK

Esse modelo foi desenvolvido por Kohl (2007) e busca ampliar e facilitar a aplicabilidade de dois modelos de benchmarking para PMEs. Ele integra o Modelo de Processos (ver 4.3) e o BMindex (ver 4.5), através do Balanced Scorecard (BSC), de Kaplan e Norton, e uma biblioteca com padrões de processos modelados. Através do BSC, busca-se uma estrutura relacional entre fatores críticos e indicadores de desempenho. Essa estrutura facilita a análise e a interpretação de relatórios.

A empresa preenche o questionário BMindex (Anexo A), gerando os respectivos índices. Esses são agrupados nas quatro perspectivas do BSC, permitindo uma análise de causa e efeito, conforme Figura 3.15. Essa análise apoia a revisão de estratégias e posterior identificação dos processos a serem otimizados.

Observe que aumento de faturamento (perspectiva financeira) tem uma relação de causa e efeito com o desenvolvimento inovativo de produtos (perspectiva aprendizado e desenvolvimento).

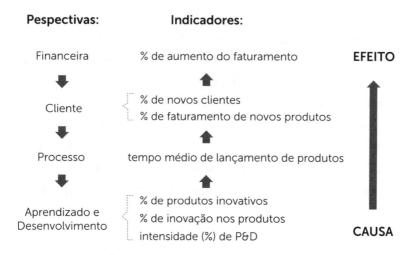

FIGURA 3.15: RELAÇÃO CAUSA-EFEITO ENTRE PERSPECTIVAS E INDICADORES

Na sequência, ocorre a identificação de processos relacionados com os desempenhos inferiores. Os principais processos relacionados aos seus respectivos indicadores estão representados na Figura 3.16.

Índice (efeito)	Processo (causa)
Produtividade por m²	Planejamento e Controle da Produção
Tempo médio de lançamento de produtos	Desenvolvimento de produto
Produtividade	Planejamento e Controle da Produção
% de realização do Plano de Produção	Planejamento e Controle da Produção
% de produzidos / valor total estocado	Planejamento e Controle da Produção
Trabalhadores direto/indireto	Pessoal
Prazo médio de entrega	Logística
% compras por fornecedor	Aquisição
% de material bruto armazenado	Aquisição
% de qualidade dos fornecedores	Aquisição
% atendimento de prazos pelos fornecedores	Aquisição
Giro de estoque	Logística
Tempo médio de setup	Planejamento e Controle da Produção
Falhas por milhão (PPM)	Qualidade
% de sucata	Qualidade

FIGURA 3.16: RELAÇÃO DOS INDICADORES E PROCESSOS INDUSTRIAIS

Os processos identificados, para serem otimizados, são comparados com um referencial pré-definido chamado de "padrão de processos". Esse referencial serve para análise criteriosa e visualização das oportunidades de melhorias. No caso, se o indicador da Figura 3.15 "% de aumento do faturamento" tivesse um desempenho baixo, poderia ser correlacionado através de uma relação "causa e efeito" aos indicadores da perspectiva "aprendizado e desenvolvimento" que, por sua vez, tem relação direta com o processo "desenvolvimento de produto" da Figura 3.16.

Esse modelo de benchmarking integrado apresenta as seguintes etapas:

1. preenchimento do Questionário BMindex;
2. validação dos dados na empresa;
3. transferência das informações para o banco de dados do BMindex;
4. elaboração dos relatórios;
5. análise interna e priorização dos processos;
6. comparação dos processos escolhidos com os padrões de referência;
7. realização do Plano de Ação;
8. aplicação do Plano de Ação.

O relatório do Modelo Integrado (MI) retrata o desempenho da empresa e apoia a revisão das suas estratégias durante o estabelecimento do plano de ação (IZB , 2008). Os resultados são agrupados nas quatro perspectivas do BSC, induzindo uma relação de causa e efeito.

O Modelo Integrado considera que o indicador numérico sinaliza onde deve ser trabalhado (etapa 4). Ele não contém informação sobre o processo, seus recursos, a transformação do produto e a sua qualidade. Essa análise é realizada nas etapas 5 e 6. Nesse momento, ocorre o entendimento, e não a simples cópia de outro processo.

As Tabelas 3.3 a 3.13 apresentam exemplos de relatórios estatísticos hipotéticos nas quatro perspectivas do BSC para uma empresa fictícia, denominada de Empresa X. Os resultados são apresentados em forma de valores percentuais e absolutos (ver Tabela 3.3), sendo:

- o valor relativo indica a posição na amostra em percentuais, ou seja, para o índice de rentabilidade do faturamento, o valor 81 indica que o índice obtido pela Empresa X é melhor do que 81% das empresas comparadas;
- o valor absoluto de 9,6 é aquele informado pela Empresa X no questionário;
- escala estatística: a escala indica valores correspondentes para uma empresa na posição de 5% (muito fraco), 25% (fraco), 50% (na mediana), 75% (forte) e 95% (muito forte).

a) Perspectiva Financeira: a Empresa X ganha dinheiro suficiente?

	Rentabilidade	Valor ou posição relativa	Valor ou posição absoluta	Muito Fraco	Fraco	Mediana	Forte	Muito forte
1.	Rentabilidade do faturamento (%)	81	9,6	-4,89	1,11	3,58	7,29	20,96
2.	Rentabilidade do capital empregado (%)	64	20,29	-18,13	3,37	13,24	27,81	106,45
3.	Retorno do ativo líquido (%)	99	73,46	-19,99	2,72	6,96	21,63	75,50
4.	Retorno do ativo total	98	32,86	-7,45	1,50	6,94	12,25	40,24
5.	% dos custos fixos / faturamento	5	27,29	22,10	43,48	54,95	69,15	97,97
6.	% dos custos de RH / faturamento	37	38,33	54,29	41,25	33,37	26,14	12,17
7.	% do valor agregado / faturamento	63	62,40	31,20	44,44	53,37	65,45	80,63

TABELA 3.3: ÍNDICES DE RENTABILIDADE

Análise: observa-se que a Empresa X apresenta um desempenho "forte" e "muito forte" nos índices 1, 3, 4, um desempenho "médio" nos índices 2, 6, 7 e um desempenho "muito fraco" no índice 5.

b) Perspectiva Financeira: a Empresa X é estável financeiramente?

Gestão Financeira	Valor ou posição relativa	Valor ou posição absoluta	Muito fraco	Fraco	Mediana	Forte	Muito forte
8. Índice de liquidez corrente (*current ratio*)	84	1,94	0,52	0,88	1,20	1,70	3,15
9. Índice de liquidez imediata (*acid test*)	36	0,66	0,31	0,57	0,82	1,26	2,83
10. Prazo médio de pagamento em dias	78	130,34	38,56	87,77	116,76	148,77	410,63
11. Prazo médio de recebimento em dias *	95	46,86	128,12	89,77	72,49	55,32	28,63
12. Giro de capital de trabalho (*working capital turnover*)	39	3,82	-44,28	2,97	5,43	9,68	34,73
13. % do ativo líquido / capital	40	0,84	0,00	0,06	2,30	8,44	33,97
14. Cobertura de juros	77	12,10	-3,95	0,77	3,24	11,29	141,00
15. Grau de endividamento *	44	54,62	661,54	122,60	44,85	9,61	0,00

TABELA 3.4: ÍNDICES FINANCEIROS
LEGENDA: (*) QUANTO MENOR O ÍNDICE, MELHOR É O DESEMPENHO DA EMPRESA.

Análise: o pior desempenho da Empresa X está no índice 11. Nos demais índices, o desempenho é mediano ou forte.

c) Perspectiva dos Processos Internos: a Empresa X é produtiva?

Produtividade	Valor ou posição relativa	Valor ou posição absoluta	Muito fraco	Fraco	Mediana	Forte	Muito forte
16. Produtividade por área (€/m^2)	97	8.308	159,38	774,44	1.363	2.276	14.540
17. Lucro (antes do imposto) / n° de funcionários	89	12.098	-3.271	811,20	3.117	6.902	23.306
18. Vendas / n° de funcionários	97	132.058	52.812	82.574	91.767	102.648	162.864
19. Valor agregado por funcionário	94	82.399	19.825	36.270	48.814	61.021	99.180

TABELA 3.5: ÍNDICES DA PRODUTIVIDADE DOS PROCESSOS INTERNOS
LEGENDA: (€/M^2) EURO POR METRO QUADRADO.

Análise: sim, é uma empresa produtiva. Os índices mostram que a produtividade da empresa é muito superior às demais.

d) Perspectiva Financeira: a Empresa X cresce adequadamente?

Crescimento em relação ao ano anterior	Valor ou posição relativa	Valor ou posição absoluta	Muito fraco	Fraco	Mediana	Forte	Muito forte
20. % de aumento do lucro antes do imposto	30	44,31	-600,00	-82,91	8,15	59,38	342
21. % de aumento do faturamento	63	12,61	-22,35	-2,44	7,71	19,51	58,33
22. % de aumento do custo pessoal *	63	8,03	101,67	23,20	12,39	3,44	-22,46

TABELA 3.6: ÍNDICES DO CRESCIMENTO FINANCEIRO
LEGENDA: (*) QUANTO MENOR O ÍNDICE, MELHOR É O DESEMPENHO DA EMPRESA.

Análise: não, a empresa não cresce adequadamente. Os índices dessa perspectiva mostram que a empresa teve um crescimento em relação ao ano anterior muito aquém das demais empresas da amostra. O aumento do custo pessoal foi muito elevado.

e) Perspectiva do Cliente: os clientes da Empresa X estão satisfeitos?

Satisfação do cliente	Valor ou posição relativa	Valor ou posição absoluta	Muito fraco	Fraco	Mediana	Forte	Muito forte
23. Valor médio dos pedidos (€)	46	1.694	454,06	1.065	1.873	4.439	29.458
24. % de novos clientes	32	7,14	0,00	5,64	12,29	20,00	43,95
25. N° reclamações por cliente *	36	0,32	3,37	0,50	0,21	0,05	0,00
26. N° reclamações por pedido *	22	2,73	13,77	2,65	1,20	0,42	0,00

Satisfação do cliente	Valor ou posição relativa	Valor ou posição absoluta	Muito fraco	Fraco	Mediana	Forte	Muito forte
27. % de entregas atrasadas *	51	4,36	38,25	10,00	4,88	1,67	0,00
28. % de reclamações em garantia *	48	0,04	6,20	0,67	0,00	0,00	0,00

TABELA 3.7: ÍNDICES DA SATISFAÇÃO DO CLIENTE
LEGENDA: (*) QUANTO MENOR O ÍNDICE, MELHOR
É O DESEMPENHO DA EMPRESA.

Análise: a Empresa X está tendo muitas reclamações por pedido (índice 26). Os demais índices demonstram falta de foco no clientes e nas suas necessidades. Os clientes não estão satisfeitos.

f) Perspectiva do Aprendizado e do Desenvolvimento: o aprendizado e desenvolvimento dos funcionários são efetivos na Empresa X?

Gestão de Pessoas	Valor ou posição relativa	Valor ou posição absoluta	Muito fraco	Fraco	Mediana	Forte	Muito forte
29. Média de custos pessoais por funcionário (€)	100	50.624	15.383	22.757	31.175	36.596	45.336
30. Relação funcionários na produção / indireto	10	1,16	0,46	1,65	2,42	3,85	10,39
31. Relação nº de funcionários / direção	23	5,58	3,33	5,76	7,67	10,58	19,55
32. % de funcionários com título acadêmico	47	2,89	0,00	0,00	3,33	7,06	18,18
33. % de funcionários com formação técnica	48	10,98	0,00	0,00	13,50	44,64	93,33
34. % do faturamento investido em educação e treinamento	54	0,16	0,00	0,03	0,14	0,31	0,33

TABELA 3.8: ÍNDICES DA GESTÃO DE PESSOAS
LEGENDA: (*) QUANTO MENOR O ÍNDICE, MELHOR
É O DESEMPENHO DA EMPRESA.

Análise: a Empresa X apresenta custos pessoais elevados por funcionários, tem, proporcionalmente, poucos funcionários envolvidos na produção e muitos funcionários com cargos gerenciais.

g) Perspectiva do Aprendizado e Desenvolvimento: os funcionários da Empresa X estão satisfeitos?

Satisfação dos Funcionários	Valor ou posição relativa	Valor ou posição absoluta	Muito fraco	Fraco	Mediana	Forte	Muito forte
35. % de acidentes *	70	0,03	0,69	0,25	0,10	0,02	0,00
36. % de funcionários que deixaram a empresa em menos de seis meses *	43	1,73	26,79	5,00	0,00	0,00	0,00
37. % de novos funcionários *	91	2,31	46,43	20,00	11,48	6,41	0,00
38. número de faltas em dias trabalhados *	9	9,87	18,79	6,00	2,94	1,09	0,02
39. % de funcionários que deixaram a empresa *	27	16,18	41,38	17,07	8,33	4,55	0,00

TABELA 3.9: ÍNDICES DA SATISFAÇÃO
LEGENDA: (*) QUANTO MENOR O ÍNDICE, MELHOR É O DESEMPENHO DA EMPRESA.

Análise: os indicadores 38 e 39 mostram, respectivamente, um número de faltas e flutuação muito superior aos das outras empresas. Muitos empregados novos não ficam mais que seis meses na empresa, conforme índice 36. A empresa deve verificar as causas desses índices de insatisfação.

h) Perspectiva dos Processos Internos: a Empresa X investe no seu futuro?

Investimento	Valor ou posição relativa	Valor ou posição absoluta	Muito fraco	Fraco	Mediana	Forte	Muito forte
40. % de investimento na produção / faturamento	48	1,43	0,00	0,56	1,56	3,98	21,22
41. % de investimento de P&D / faturamento	77	0,77	0,00	0,00	0,00	0,62	4,00

Investimento	Valor ou posição relativa	Valor ou posição absoluta	Muito fraco	Fraco	Mediana	Forte	Muito forte
42. % de investimento de marketing / faturamento	97	3,01	0,00	0,13	0,41	1,19	4,09
43. % de investimento de e-business / faturamento	98	0,42	0,00	0,00	0,00	0,02	0,85
44. % de investimento de e-business em suprimentos / faturamento	99	0,04	0,00	0,00	0,00	0,00	0,08
45. Investimento em TIC por funcionário (€)	34	260,12	39,19	195,34	466,95	849,44	1.873
46. Custo de vendas / faturamento (€)	61	1,98	0,00	0,16	1,42	4,34	48,85

TABELA 3.10: ÍNDICES DE INVESTIMENTOS

Análise: a Empresa X apresenta um desempenho "forte e muito forte" nos índices 41 a 44. Nos demais, tem um desempenho médio.

i) Perspectiva dos Processos Internos: a Empresa X inova?

Inovação	Valor ou posição relativa	Valor ou posição absoluta	Muito Fraco	Fraco	Mediana	Forte	Muito forte
47. % de exportação do faturamento	94	45,12	0,00	0,00	1,70	14,80	60,65
48. % de vendas de novos produtos	47	1,63	0,00	0,00	2,22	6,10	37,50
49. % de novos produtos e serviços	51	7,35	0,00	0,18	6,67	20,0	100
50. % do faturamento sobre vendas *on-line*	-	0,34	amostra menor que dez empresas			
51. *Time to market* (meses)	6	15,00	24,00	8,00	4,00	2,00	0,10

TABELA 3.11: ÍNDICES DE INOVAÇÃO

Análise: a Empresa X exporta bastante (47), mas desenvolve poucos produtos com pouco acréscimo nas vendas (49 e 50). O tempo de lançamento desses produtos no mercado é extremamente longo.

j) Perspectiva dos Processos Internos: a Empresa X é eficiente no seu processo produtivo?

Processo Produtivo	Valor ou posição relativa	Valor ou posição absoluta	Muito Fraco	Fraco	Mediana	Forte	Muito forte
52. Tempo de *setup* (min.)	32	35,00	160	30	15	9	5
53. % de cumprimento do plano de produção	-	-	50,00	80,00	90,00	95,00	100
54. % de sucata	32	3,00	15,00	5,00	2,00	1,00	0,00
55. *Overall Equipment Effectiveness* (OEE)	10	42,90	2,29	69,86	88,81	95,21	99,94
56. Tempo médio de entrega (dias)	100	0,00	30,28	0,10	0,02	0,01	0,00
57. Partes por milhão (PPM)	48	5.222	82.877	14.706	4.917	900	0,00
58. Tempo de retrabalho por colaborador (horas/ano)	65	4,05	166,67	20,85	8,16	2,58	0,00
59. Tempo de *setup* em % da capacidade total	50	8,00	30,00	15,00	8,00	4,10	0,00
60. Giro de estoque	0	1,35	1,80	8,32	14,77	27,00	130,32
61. % de produtos prontos no estoque	29	43,40	86,96	47,06	27,52	10,29	0,00
62. % de produtos semi--prontos no estoque	72	9,55	84,44	38,46	21,04	7,96	0,00
63. % de matéria-prima no estoque	37	47,05	92,43	57,87	37,04	20,44	1,82

TABELA 3.12: ÍNDICES DE EFICIÊNCIA DO SISTEMA PRODUTIVO

Análise: comparativamente com as outras empresas da amostra, o sistema produtivo da Empresa X é pouco eficiente. Ela está usando muito pouco a sua capacidade produtiva no índice OEE, e provavelmente tem problemas com o cumprimento da programação da produção e controle de giro de estoque. Em relação aos demais índices, com exceção do índice 56, esses apresentam desempenho médio.

k) Perspectiva dos Processos Internos: a Empresa X desenvolve os seus fornecedores adequadamente?

Fornecedores	Valor ou posição relativa	Valor ou posição absoluta	Muito Fraco	Fraco	Mediana	Forte	Muito forte
64. Valor médio dos pedidos por fornecedor	58	47.728	2.767	14.536	37.313	93.105	515.400
65. Pontualidade da entrega do fornecedor	100	108,05	5,00	77,07	91,62	99,35	100
66. Qualidade da entrega do fornecedor *	23	2,94	12,82	2,74	1,02	0,28	0,00

TABELA 3.13: ÍNDICES DE FORNECEDORES
LEGENDA: (*) QUANTO MENOR O ÍNDICE, MELHOR
É O DESEMPENHO DA EMPRESA.

Análise: os fornecedores entregam nos prazos acordados, mas com problemas sérios de qualidade.

Verifica-se que a análise dos índices nas categorias do BSC facilita a visualização do desempenho da empresa e contribui para identificação e priorização das ações de plano de melhorias.

3.7. Benchmarking Industrial (BI-IEL) e Benchstar

Em 1997, o Instituto Evaldo Lodi de Santa Catarina (IEL/SC) estabeleceu uma parceria com o International Institute for Management Development (IMD), da Suíça, para desenvolver o método do Benchmarking Industrial baseado no modelo europeu PROBE. A rede de benchmarking PROBE possibilita a comparação das empresas brasileiras com as de outros países, sendo o IEL/SC a organização brasileira autorizada a processar as informações, acessando o banco de dados internacional. O IEL/SC desenvolveu uma rede brasileira de benchmarking, possuindo escritórios em vários Estados brasileiros.

O modelo desenvolvido foi baseado em indicadores qualitativos categorizados, pré-definidos e agrupados em sete áreas como: Sistema da Qualidade, Desenvolvimento de Novos Produtos, Produção Enxuta, Logística, Gestão da Inovação e Organização e Cultura (IELb, 2005). Os critérios do questionário apresentam uma escala Likert de cinco níveis, conforme modelo PROBE apresentado.

O modelo de Benchmarking Industrial avalia de forma participativa uma empresa e apresenta as seguintes etapas (IELb, 2005):

a) **seleção do time de benchmarking:** o líder do time de benchmarking, responsável pela coordenação do projeto, escolhe uma equipe multifuncional para conduzir o projeto;

b) **comunicação do pré-benchmarking:** explicação do projeto, do questionário e do seu preenchimento;

c) **reunião de consenso interno do questionário:** é conduzida pelo líder, e tem duração de 3 a 4 horas;

d) **visita do facilitador:** ocorre a entrevista com o líder e visita às instalações da empresa. Ocorre a revisão da pontuação e novos esclarecimentos dos indicadores;

e) **processamento dos dados:** os dados do questionário são enviados ao IEL/SC, inseridos no banco de dados e processados e, então, são gerados os relatórios;

f) **apresentação dos resultados para a empresa:** os resultados são apresentados para a direção da empresa;

g) **dia do plano de ação:** é elaborado o plano de ação pela equipe da empresa, com apoio do facilitador.

O modelo Benchstar é uma adaptação do Benchmarking Industrial e é baseado no Microscope desenvolvido pelo IEL/SC para pequenas e micro empresas no ano de 2000 (IELc, 2005). O Benchstar não possui um banco de dados internacional para comparação e o questionário é composto de 45 indicadores, sendo 26 de práticas e 19 de performance, abrangendo as seguintes áreas: Gestão Organizacional, Tempos de ciclo, Gestão da Qualidade, Fábrica e equipamento e Avaliação de Desempenho (IELc, 2005).

O modelo de Benchmarking Benchstar apresenta as seguintes etapas (IELc, 2005):

a) **comunicação do pré-benchstar:** explicação do projeto, do questionário e preenchimento desse pelo empresário;

b) **visita do facilitador:** ocorre a entrevista com o empresário e visita às instalações da empresa;

c) **processamento dos dados:** os dados do questionário são enviados ao IEL/SC, colocados no banco de dados e é gerado um relatório;

d) **reunião de discussão e ajuste da pontuação:** ocorre a revisão da pontuação e novos esclarecimentos dos indicadores. É elaborado o plano de ação pela equipe da empresa com apoio do facilitador.

O estudo de caso "Benchmarking como impulsionador da melhoria organizacional: O Caso da INACE", apresentado no cap. 6, detalha a metodologia do Benchmarking Industrial utilizada com sucesso em empresas brasileiras.

3.8. SIMAP Boas Práticas

O **Sistema de Benchmarking e Monitoramento de Arranjos Produtivos (SIMAP), conhecido como** SIMAP Boas Práticas, foi desenvolvido pelo Observatório Tecnológico (OT) do Centro de Tecnologia da Universidade Federal do Ceará. Ele tem como objetivo acompanhar o desenvolvimento de empresas e seus arranjos produtivos (APs). Baseado na competitividade sistêmica, atua em ambiente mesocompetitivo, conforme ilustrado na Figura 3.17. No fluxo vertical da figura, ocorre a coleta de dados, que são agrupados e analisados, gerando informações em forma de gráficos, estatísticas e relatórios. Essas informações apoiam o estabelecimento de políticas e ações para o fortalecimento dos APs, reduzindo os seus gargalos e, promovendo o seu desenvolvimento regional. Através de relatórios periódicos e consultas específicas ao sistema, procura-se identificar oportunidades sistêmicas para desenvolvimento de projetos e ações endógenas de caráter coletivo e cooperativo.

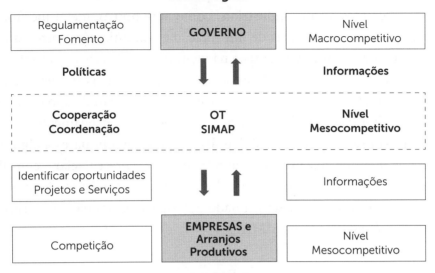

FIGURA 3.17: POSICIONAMENTO ESTRATÉGICO DO OBSERVATÓRIO TECNOLÓGICO (OT)

O SIMAP permite a visualização de *gaps* relacionados ao uso de boas práticas e indicadores de desempenho empresariais. Os 46 critérios do questionário eletrônico foram agrupados em sete subsistemas (Figura 3.18 e Anexo D): Gestão Integrada (GP01), Gestão de Produção (GP02), Gestão de Produtos (GP03), Gestão Estratégica (GP04), Gestão de Logística (GP05), Gestão de Recursos Humanos (GP06) e Gestão Financeira (GP07).

Cada critério tem uma métrica crescente de desempenho adaptado da escala Likert de cinco níveis (0, 25, 50, 75, 100), caracterizando dados qualitativos categorizados e quantitativos ordenados. Para um determinado critério existe a possibilidade de "não aplicável", quando a prática que ele representa não pode ser utilizada em uma determinada empresa. Os critérios representam as práticas de excelência dos Prêmios da Qualidade *Malcon Baldrige*, requisitos específicos das normas ISO/TS 16949 e ferramentas do Sistema Toyota de Produção.

Os arranjos produtivos (APs) são mapeados conforme demanda e projetos de pesquisas na forma de cadeias produtivas, redes de negócios e *clusters* de diferentes setores industriais, como automotivo, metal-mecânico, construção civil, tecnologias de informação e comunicação, entre outros. O mapeamento de um AP consiste na identificação dos elos e das relações interfirmas existentes, considerando os atores principais de uma cadeia produtiva, tanto os de transformação (primária) como os de apoio (secundária). A abordagem utilizada para a realização do mapeamento de um AP constitui-se de: pesquisa bibliográfica, visitas preliminares a algumas empresas do setor, discussões com entidades de representação e consulta a especialistas. As informações obtidas geram uma versão inicial do mapeamento do AP, que deve ser validado por especialistas ou empresários, e, então, esse é cadastrado no SIMAP.

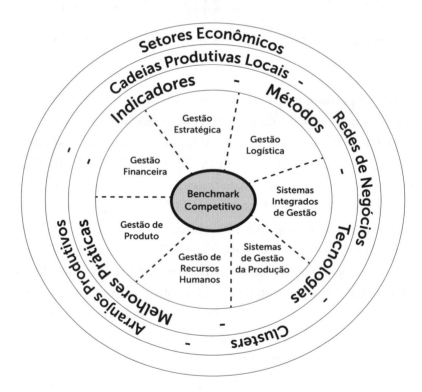

FIGURA 3.18: ESTRUTURA DO SIMAP

O sistema computacional SIMAP Boas Práticas foi projetado inicialmente com o intuito de analisar o seguinte problema (2006): "Por que o volume de fornecimento local das empresas cearenses para a empresa líder Lubnor/Petrobrás (Ceará) era de apenas 6,4%, em 2006?". Essa questão fez parte do Programa de Mobilização da Indústria do Petróleo e Gás (PROMINP), tendo como objetivo aumentar o conteúdo nacional de fornecimento à Petrobras.

Para que fosse possível uma resposta atualizada, contínua e acessível às empresas, mapeou-se a cadeia produtiva do Petróleo e Gás (P&G) e desenvolveu-se a primeira fase do SIMAP. Através do cadastro *on-line*, analisou-se comparativamente o desempenho de uma empresa com a média de outras empresas e com os requisitos esperados da empresa líder.

As informações de cada empresa são de natureza sigilosa e são utilizadas apenas como parâmetros estatísticos de comparação entre si. O cadastramento no SIMAP permite que o próprio empresário compare em tempo real o desempenho e uso de boas práticas no setor de atuação. As informações permitem apontar que tecnologias de produto, processo e gestão estão se destacando em setores específicos, ou mesmo, estão deixando de ser utilizadas. Permite, ainda, conhecer os requisitos (não) atendidos para atuar como fornecedor para uma empresa focal em uma determinada cadeia produtiva.

A Figura 3.19 exemplifica dois gráficos disponíveis no SIMAP que respondem à questão formulada no PROMINP de forma dinâmica e atualizada. A linha pontilhada identifica o desempenho esperado para fornecimento às principais empresas da cadeia do P&G. O gráfico de barra informa o desempenho de uma empresa cadastrada no SIMAP, nos seus sete subsistemas. As outras linhas representam as médias das demais empresas cadastradas. O desempenho médio das empresas de porte pequeno oscila em torno de 25%, enquanto os requisitos esperados da empresa focal estão entre 50 a 75%. As diferenças entre o desempenho de uma empresa e os requisitos esperados são denominadas de *gaps*.

O método de desenvolvimento e expansão do SIMAP busca garantir a formação de uma grande base de dados de empresas através do *benchmarking* competitivo e funcional.

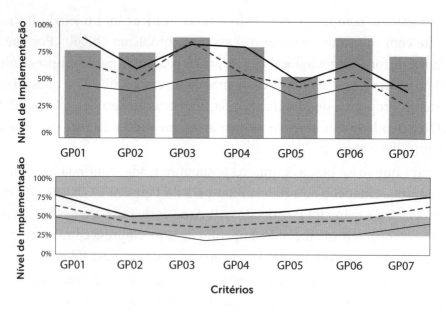

FIGURA 3.19: EMPRESA BENCHMARKING E DESEMPENHO POR PORTE

O SIMAP considera de pequeno porte as empresas com até 100 funcionários, de médio porte as empresas de 101 a 400 funcionários, e, de grande porte, empresas com mais de 401 funcionários.

O mapeamento de uma cadeia produtiva com uma empresa líder permite a comparação entre empresas com a mesma atividade e entre outros APs. Os requisitos estabelecidos pela empresa líder mostram os *gaps* tecnológicos locais e por atividade (elos da cadeia). A Figura 3.20 mostra as cadeias mapeadas no SIMAP.

- Cadeia Produtiva do Asfalto
- Cadeia Produtiva do Biodiesel
- Cadeia Produtiva do Gás
- Cadeia Produtiva dos Lubrificantes
- Cadeia Produtiva Metal-Mecânico (Naval, Linha Branca, Ind. Química)
- Cadeia Produtiva Metal-Mecânico (Automotiva e Componentes)
- Cadeia Produtiva da Eletro-Eletrônica
- Cadeia Produtiva dos Calçados
- Cadeia Produtiva da Construção Civil
- Cadeia Têxtil e Confecções
- Cadeia de Exportação e Importação
- Cadeia de Refratários
- Cadeia de alimentos e bebidas
- Cadeia do Petróleo e Gás
- Cadeia da Tecnologia de Informação
- Cadeia Eletromecânica
- Cadeia de saúde
- Cadeia de móveis
- Cadeia de transporte
- Outros:

FIGURA 3.20: CADEIAS PRODUTIVAS MAPEADAS NO SIMAP

No momento do preenchimento do questionário eletrônico, a empresa indica qual a cadeia produtiva e os principais processos (elos) em que atua. No caso da cadeia Eletroeletrônica pode ser:

a) cadeia primária ou de transformação: fontes, componentes importados (chips, memórias, capacitores, resistores, LEDs), montagem de placa, placas (Single & Multi-layer), montagem do produto, OEM (Original Equipment Manufacturing), componentes nacionais, gabinete metálico, fios, cabos e chicotes, gabinetes, plásticos;

b) cadeia de apoio: moldes, catálogos, distribuidor, embalagens, transportadores, certificação de produto e sistemas, consultoria, serviços de tradução, P&D, agências de desenvolvimento e outros.

A cadeia de apoio é sempre considerada, pois ela representa, muitas vezes, a solução inovadora para a competitividade da cadeia de transformação. Sua importância no desenvolvimento é destacada nos conceitos da Tríplice Hélice, Clusters e Competitividade Sistêmica. A Figura 3.21 exemplifica os elos da cadeia Eletroeletrônica primária e de apoio, no SIMAP.

☐ Consultoria	☐ Catálogos	☐ Montagem de Placa
☐ Certficação, produto e sistemas	☐ Embalagens	☐ Placas (Single & Multi-layer)
☐ Gabinete Metálico	☐ Componentes Nacionais	☐ Montagem do Produto
☐ Fios, Cabos e chicotes	☐ Transportadores	☐ OEM (Original Equipament Manufacturing)
☐ Gabinetes Plásticos	☐ Fontes	☐ C&M (Contract Manufaturing)
☐ Moldes Plásticos	☐ Componentes Importados (Chips, memórias, capacitores, resistores, LEDs)	☐ Outros e Reciclagem
☐ Serviços de Tradução	☐ Distribuidor	

FIGURA 3.21: ELOS DA CADEIA PRODUTIVA ELETROELETRÔNICA

Uma empresa pode participar de uma ou mais cadeias produtivas e em mais de um elo. O relatório de *benchmarking* pode ser extraído por atividade, por cadeia produtiva e por local de atuação, comparando sempre com as médias de desempenho das outras empresas cadastradas. Através do SIMAP, é possível comparar e simular o:

- posicionamento da empresa relativo aos 46 critérios de desempenhos e subsistemas (Anexo D);
- desempenho de uma empresa com a média de todas as empresas atuantes no mesmo elo, na mesma cadeia produtiva, no mesmo Estado ou mesmo país;
- atuação em um determinado elo, cadeia produtiva ou localização;
- desempenho de uma empresa com a média de todas as empresas registradas;
- desempenho da empresa *benchmarking* com a média de todas as empresas atuantes no mesmo elo, na mesma cadeia produtiva, no mesmo Estado ou no mesmo país;
- os *gaps* tecnológicos para fornecimento em uma determinada cadeia produtiva.

Uma característica desse sistema é a sua flexibilidade para acessar o sistema via *web*, processar os dados e realizar pesquisas, combinando vários tipos de relatórios *on-line*. No capítulo 5, são apresentadas algumas técnicas estatísticas utilizadas com o banco de dados gerado por sistemas como SIMAP e, no capítulo 6, é descrito um estudo de caso de desempenho industrial desde modelo.

Em 2015, o Observatório Tecnológico da UFC desenvolveu o modelo complementar "SIMAP Competitivo", utilizando indicadores empresariais quantitativos de resultados. Esses indicadores foram baseados no BMindex e devem responder as seguintes questões:

a) a minha empresa ganha dinheiro suficiente?

b) a minha empresa é estável financeiramente?

c) a minha a empresa apresenta bom crescimento?

d) a minha empresa é produtiva?

e) a minha empresa inova?

O desenvolvimento desse modelo de benchmarking é detalhado no cap. 6 e as métricas nos Anexos F e G.

3.9. A fábrica do ano: Prêmio Global Excellence of Operations (GEO)

Esse é considerado o mais tradicional e desafiador benchmark industrial. É organizado, desde 1992, pela empresa de consultoria A. T. Kearney e o jornal alemão industrial "Produktion". É um benchmarking independente e funcional. Participam indústrias de qualquer setor, país, e que possuem no mínimo em funcionários. A premiação e a apresentação dos casos vencedores ocorrem em cinco categorias e são feitas durante um congresso anual chamado de "Fábrica do Ano". O objetivo da competição é identificar e reconhecer a excelência mundial na indústria. O modelo de avaliação cobre os principais fatores de sucesso (estratégias e metas, processos e recursos) nas seguintes dimensões: satisfação de clientes, qualidade, economia (lucratividade), agilidade, inovação. A geração de valor é calculada em função do valor agregado e capital empregado. O modelo de avaliação e as dimensões de desempenho estão representados na Figura 3.22.

FIGURA 3.22: MODELO DE AVALIAÇÃO GEO

O questionário contém 102 questões que levam em média de 5 a 10 dias para ser preenchidas. As questões foram agrupadas em três partes, com informações gerais, os fatores de sucesso e a descrição das melhores práticas, conforme Figura 3.23.

PARTE I: INFORMAÇÕES GERAIS
1. Por família de produto (custos e volumes produzidos)
2. Descrever o mapa do fluxo de valor
3. Custos de manufatura
4. Informações financeiras
5. Definir segmentos de mercados (produto, região e clientes)
6. Definir *market share*
7. Percentual de crescimento comparando com a média dos três principais concorrentes
8. Informações sobre a empresa, fornecedores, catálogos...
PARTE II: FATORES DE SUCESSO
1. Estratégia operacional
2. Sistema de desempenho gerencial
3. Desenvolvimento de Produto e Processo
4. Integração de Fornecedores
5. Processos de manufatura
6. Integração com o cliente
7. *Supply Chain Management*
8. Gestão de Recursos
9. Eficiência no uso de Recursos
PARTE III: DESCRIÇÃO DAS MELHORES PRÁTICAS

FIGURA 3.23: ESTRUTURA DO QUESTIONÁRIO

Existem questões descritivas e quantitativas. As questões quantitativas avaliam os resultados obtidos nos últimos três anos. As questões estão descritas no Anexo E.

A participação das empresas interessadas ocorre da seguinte forma:

1. preenchimento do questionário disponível no http://www.produktion.de/fabrik-des-jahres/;
2. visita técnica aos finalistas: as empresas finalistas são avaliadas por especialistas durante dois dias, *in loco*;

3. análise dos vencedores: um júri de representantes da indústria elege os vencedores em cinco categorias;
4. congresso: apresentação dos casos de sucesso e homenagem aos vencedores;
5. avaliação: todos os participantes recebem um relatório do seu desempenho individual e comparativo. É analisado o posicionamento da empresa frente às questões do questionário, o desempenho médio das demais e o ranqueamento em forma de quintiles. As empresas finalistas recebem, ainda, uma avaliação da visita dos especialistas com orientações para melhorias.

Um relatório típico do prêmio está descrito na Figura 3.24. O desempenho nos critérios GEO da empresa é apresentado em forma de quintis (grupos de 20%), destacando o quintil superior (de 4 a 5), a média (posição 3) e o desempenho de uma determinada empresa (empresa X).

Observe que a empresa X obtém o valor econômico com aumento de 100,8%, bem acima da média (posição 3) de 9,6% e do início do quintil superior (4) de 38,5%. O crescimento absoluto do market share ficou abaixo da média de 18,2%.

Benchmarks	Fábrica X	Média	Quintil Superior
Valor econômico criado	100,8%	9,6%	38,5%
Aumento do valor econômico em 3 anos	-375,7%	3,3%	24,7%
Realização das metas de crescimento	-15,8%	2,9%	14,6%
Crescimento absoluto do market share	11,8%	18,2%	48,7%
Crescimento relativo do market share	n.v.	10,0%	30,5%

FIGURA 3.24: DESEMPENHO GEO

3.10. Comparativo entre os modelos de benchmarking

Os modelos Benchmarking Consorcial (BC), Benchmarking de Processos (BP), BMindex, Benchmarking Integrado (BI-IPK), Benchmarking PROBE e Microscope, Benchmarking Industrial-IEL(BI-IEL), Sistema de Benchmarking e Monitoramento de Arranjos Produtivos (SIMAP) e Prêmio Global Excellence of Operations (GEO) foram descritos considerando as suas principais características. Observa-se que os dois primeiros baseiam-se no método de cinco fases, ou Roda do Benchmarking mais específico, e aplicado para um processo gerencial. Para esses casos necessita-se encontrar empresas parceiras. Os demais modelos são mais genéricos e utilizam-se de indicadores pré-definidos, podendo ter predominância de variáveis quantitativas contínuas (BMindex e GEO), ou predominância de variáveis qualitativas categorizadas (BMindex, BI-IPK, PROBE/Microscope, BI-IEL e SIMAP).

As variáveis quantitativas apresentam resultados de desempenho (performance), enquanto as variáveis qualitativas referem-se às práticas. É nas práticas (causas), que devem ser realizadas as ações de melhorias. Quando se conhecem os indicadores quantitativos de baixo desempenho (BMIndex), deve-se investigar as suas causas nas práticas, onde será atuado. Os indicadores quantitativos apoiam melhor as atividades de *controlling*.

Os dois primeiros modelos se aplicam, preferencialmente, às grandes empresas, devido à necessidade de maiores recursos humanos e financeiros. O GEO, PROBE e BI-IEL são aplicados para empresas de médio e grande porte. O SIMAP compara empresas por pequeno, médio e grande porte e com a empresa líder do setor produtivo, normalmente uma empresa de grande porte. Os demais modelos têm a preferência das PMEs.

A escolha do modelo a ser utilizado dependerá principalmente dos objetivos da empresa e de seus recursos humanos e financeiros. Kohl (2007) realizou um comparativo entre modelos utilizados por PMEs. Foram definidos critérios aplicados às necessidades de PMEs através de uma pesquisa bibliográfica. Para a análise comparativa usou-se a seguinte escala:

1. o modelo não atende ao critério;
2. o modelo atende pouco ao critério;
3. o modelo atende ao critério parcialmente;
4. o modelo atende ao critério quase totalmente;
5. o modelo atende ao critério totalmente.

Os modelos foram comparados com as seguintes legendas (Figura 3.20): Benchmarking Consorcial (BC), Benchmarking de Processos (BP), Microscope (MS), Benchmarking Integrado (BI), BMindex (BX), SIMAP (SI) e Prêmio Global Excellence of Operations (GEO).

Critérios / MODELOS	BC	BP	MS	BI	BX	SI	GEO
Método							
Comparação externa através de indicadores	5	5	5	5	5	5	5
Identificação de lacunas de desempenho	5	5	5	5	5	5	5
Indução para ações de melhorias	4	5	2	5	2	5	4
Orientação direta para aplicação	3	5	2	5	2	3	3
Critérios facilitadores para PMEs							
Recursos necessários							
Custos menores	3	2	4	4	4	5	4
Menor de tempo de duração	4	4	5	5	5	5	4
Menor necessidade de pessoas	2	2	5	5	5	5	4
Padronização do método	5	5	5	5	5	5	5
Habilidades necessárias							
Menor conhecimento de Benchmarking	3	3	5	5	5	5	4
Facilidade de encontrar empresas parceiras	2	2	5	5	5	5	5
Facilidade para diagnosticar o desempenho	3	3	3	4	4	4	4

Critérios / MODELOS	BC	BP	MS	BI	BX	SI	GEO
Resultados e Relatórios							
Abrangência do sistema de indicadores	1	3	3	5	5	4	5
Indução das melhores práticas	4	5	1	5	1	4	4
Quantidade de informações do banco de dados	2	2	3	5	5	5	4
Horizonte de comparação (nacional/internacional)	2	2	3	5	5	4	3
Validação dos dados	5	5	5	5	5	5	5
Flexibilidade para estudos do banco de dados	2	2	4	4	4	5	3

FIGURA 3.25: COMPARATIVO DOS MODELOS DE BENCHMARKING

>> Capítulo 4
Boas Práticas do Benchmarking

Para que a implementação do benchmarking seja eficaz, ela deve atender às características e especificidades de cada empresa. Esta seção descreve aspectos relevantes na condução de um benchmarking, baseados no conhecimento de profissionais com longa experiência na realização de projetos. Esses referenciais foram complementados com relatos de empresas pioneiras que se destacaram na aplicação de benchmarking, entre os anos de 1995 a 2005 (Mertins, K., Kohl, H.; 1999) e (Mertins, K.; Kohl, H.; Görmer, M.; 2005).

4.1. Considerações de Robert Camp

Camp (1994) afirma que o processo de benchmarking é composto de duas partes: as práticas e as métricas. As práticas, como definido no capítulo 1, são os métodos e processos utilizados no sistema produtivo. As métricas são indicadores relacionados às práticas e que possibilitam a sua mensuração. O autor recomenda iniciar o benchmarking examinando profundamente as práticas, para só depois desenvolver as métricas. As métricas mostram as lacunas, mas, sozinhas, não permitem identificar as causas de possíveis desempenhos inferiores. Somente conhecendo as práticas, é possível entender as causas de lacunas de desempenho. Informações sobre as práticas obtêm-se dentro e fora da empresa, através de especialistas, revistas técnicas, consultores, entre outros.

Camp ilustrou o processo de benchmarking através das métricas e práticas, conforme representado na Figura 4.1.

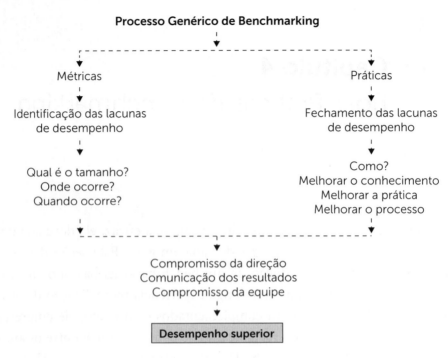

FIGURA 4.1: PROCESSO GENÉRICO DE BENCHMARKING (CAMP, 1994)

A liderança no desempenho é o objetivo final do processo do benchmarking, ou seja, a busca pelas melhores práticas industriais que levam a desempenhos superiores. Na identificação dos objetivos, considera-se o desempenho histórico do processo, o tamanho da lacuna de desempenho e o desempenho futuro para alcançar a liderança, conforme Figura 4.2. Na projeção dos objetivos futuros, Camp (1994) recomenda prever melhorias nos processos, pois esses não são estáticos e melhoram continuamente.

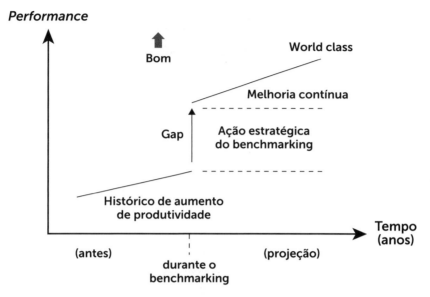

FIGURA 4.2: PROJEÇÃO DE DESEMPENHO FUTURO. ADAPTADO DE CAMP (1994)

A lacuna será reduzida através de uma ação estratégica do benchmarking que é baseada em práticas identificadas como necessárias. O sucesso do benchmarking, ou o desempenho superior, dependerá da capacidade de adaptação das práticas identificadas, e não simplesmente da sua cópia (Camp, 1994).

A relação entre os objetivos estratégicos, padrões desejáveis, métricas e lacunas é apresentada na Figura 4.3. Ela complementa as duas figuras anteriores (4.1 e 4.2).

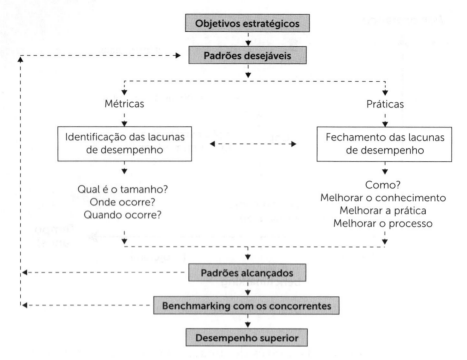

FIGURA 4.3: BENCHMARKING E AS MEDIDAS DE DESEMPENHO
ADAPTADO DE ZAIRI E LEONARD (1995)

4.2. Benchmarking para PMEs

As PMEs precisam realizar muitos esforços para manter e melhorar o seu posicionamento competitivo. O benchmarking para PMEs oferece a oportunidade não só para avaliar a sua posição competitiva, mas também para planejar a sua lucratividade. Para realizar benchmarking em PMEs, é necessário observar as suas características. Kohl relaciona algumas barreiras observadas em trabalhos de Benchmarking com PMEs (Kohl, 2007; Ribeiro, 2004):

- custo elevado dos projetos;
- excesso de indicadores, alguns poucos utilizados nas PMEs;
- pouco tempo disponível e baixa qualificação para análise dos resultados e realização de melhorias;

- desconfiança na troca de informações;
- poucas informações disponíveis.

4.3. Fatores de sucesso na realização de um benchmarking

É importante identificar quais as áreas e processos são considerados críticos para a sobrevivência, competitividade e lucratividade da empresa. Iniciar um projeto de benchmarking por um processo não crítico pode trazer poucos resultados para a organização. O foco inicial deve ser as necessidades dos clientes e a sua satisfação.

Camp (1994) sugere os seguintes fatores de sucesso para a realização de benchmarking e para a empresa alcançar a liderança:

- comprometimento da Direção para liberar recursos, aceitar resultados e mudanças;
- conhecimento profundo dos processos internos;
- capacidade de mudar e melhorar;
- entendimento que a concorrência melhora continuamente e é necessário ir além dela;
- capacidade de trocar informações com os parceiros;
- iniciar pelas práticas e depois pelas métricas;
- concentrar-se na empresa líder;
- seguir uma metodologia definida;
- ser criativo e aceitar novas ideias;
- institucionalizar o benchmarking.

Outros fatores complementares citados na literatura são:

- no planejamento do benchmarking, determinar claramente as limitações e objetivos do projeto;
- a escolha dos parceiros e relacionamentos de confiança entre empresas;

- os relatórios devem ser precisos e a comunicação eficiente;
- trabalho em equipe multifuncional com comprometimento.

4.4. As principais armadilhas na realização de um benchmarking

O sucesso de um projeto de benchmarking será obtido quando os seus objetivos forem alcançados. Baseado em Kelessedis (2000), são listados os principais fatores que podem dificultar o sucesso de um benchmarking:

- falta de compromisso e comprometimento: a direção não está suficientemente comprometida com o projeto e não participa apropriadamente;
- falha de planejamento: atitudes como "isto é fácil" e "vamos fazer logo" prejudicam o planejamento detalhado de cada etapa do processo de benchmarking;
- falha de aprofundamento: os processos e seus *gaps* não são analisados e comparados suficientemente para que haja um bom conhecimento da situação;
- falha nas métricas: a escolha das métricas e medições é feita pelo critério de facilidade e não pela importância do que e como deve ser medido;
- falta de conhecimento e motivação: os participantes não foram treinados no uso das ferramentas, desconhecem as etapas e objetivos do benchmarking e não estão motivados para participar;
- falha de comunicação: o projeto não foi suficientemente comunicado e seus objetivos não estão alinhados com os objetivos estratégicos;
- falha na priorização: a empresa tenta resolver todos os problemas de uma só vez com recursos limitados.

4.5. Dicas na elaboração de projetos de benchmarking

Camp (1994) sugere os seguintes métodos para obtenção de informações:

a) **fonte interna:** análise do produto ou processo; consulta a especialistas na empresa; observação no local; análise de documentos e experiências já realizadas;

b) **fonte pública:** biblioteca, sindicatos, consultorias, especialistas e pesquisadores, estudos, internet e network, revistas técnicas e estatísticas setoriais;

c) **pesquisa:** aplicação de questionários e trabalho de grupos;

d) **visitas técnicas:** preparação da visita com roteiro, busca de informações sobre a empresa, seus processos e produtos e entrevistas com técnicos.

Para a escolha de empresas parceiras, recomenda-se usar as seguintes técnicas e fontes de consulta (Kohl, 2007):

- *brainstorming* pela equipe de trabalho;
- escolher referências pela propaganda boca a boca;
- análise de literatura especializada;
- empresas vencedoras de Prêmios de Produtividade e Qualidade;
- análises setoriais e competitivas;
- banco de dados de benchmarking;
- opinião de especialistas.

No caso do benchmarking competitivo, recomenda-se priorizar empresas conhecidas pela sua dinâmica na implementação de novas ferramentas, com crescimento acima da média e, de preferência, empresas com contato existente.

Outras características como nível de informatização empresarial, atendimento de normas internacionais e atuação em mercados exigentes são relevantes na escolha dos parceiros.

Para contatar a empresa parceira de forma efetiva e ética, recomenda-se ter as respostas para as seguintes questões (Kelessedis, 2000):

a) descrição e dados da empresa (vendas, mercado, principais processos);

b) descrição do objeto do benchmarking (processo, produto, área, entre outros);

c) objetivos desse projeto de benchmarking?

d) uso pretendido das informações que serão obtidas?

e) razões da escolha da empresa parceira?

f) quais outras empresas serão convidadas?

g) qual a situação atual do projeto?

h) qual a situação atual da coleta interna dos dados?

i) como estão documentados os atuais processos?

j) quais são os indicadores-chave a serem utilizados?

k) qual o tipo de questionário que será utilizado?

l) qual a duração prevista do projeto?

m) tipos e restrições à comunicação (e-mail, telefone, reuniões, entre outros);

n) qual o código de conduta a ser assinado?

o) vai ser utilizada consultoria externa?

p) quais os benefícios esperados da participação?

4.6. Recursos necessários para benchmarking

Benchmarking significa investimento em recursos humanos e financeiros para realizar o planejamento, visitas, contratação de consultoria, treinamento e participação em um banco de dados. O tempo de duração de um benchmarking dependerá do seu escopo, método utilizado, tamanho da empresa, da equipe e tempo disponível para dedicação. Em alguns dos métodos descritos nesse manual (cap. 3), foram estimados os tempos necessários para cada etapa.

A Tabela 4.1 estima os recursos humanos necessários para as nove etapas de um método típico de benchmarking, proposto por Kelessedis (2000). O autor não incluiu as etapas de implementação e avaliação que são próprias de cada caso. Nessa tabela, são previstos tempos de consultoria na empresa parceira. Observa-se, na tabela, que são entre 10 a 29 dias para a equipe de benchmarking, 9 a 11 horas de consultoria, 4,5 a 7,5 dias na empresa parceira, totalizando 21 semanas de implementação.

Nº	Descrição	Membros da equipe	Cargo	Empresa Dias/homem (subtotal)	Consultoria Dias/homem	Empresa parceira Dias/homem	Duração (semanas)
1	Definir objeto/objetivo do benchmarking?	2-4	Executivo	½	½	-	2
2	Formação da equipe	2-10	Executivo e Equipe	1	-	-	2
3	Escolha da empresa parceira	1-2	Executivo e Líder	1	1	½	2
4	Definir indicadores e método de coleta	1	Líder	1	½	-	1
5	Coleta de dados	2-10	Líder e Equipe	2 - 10	2	2-5	4
6	Analisar os resultados e identificar gaps	1-3	Líder e Equipe	1-5	1	-	3
7	Determinar metas	1	Líder	½	3 - 5	2	2
8	Comunicar os resultados	2-4	Executivo e Líder	1	½	-	2
9	Elaborar o plano de ação	2-10	Líder e Equipe	2 - 10	½	-	3
-	Total	-	-	10 - 29	9 - 11	4.5 – 7.5	21

TABELA 4.1: RECURSOS E DURAÇÃO ESTIMADOS PARA O BENCHMARKING

4.7. Ética no benchmarking

Durante a leitura desse livro, observou-se que o benchmarking requer a aplicação de uma metodologia detalhada para atingir seus objetivos, bem como de empresas parceiras. Para que o relacionamento entre os parceiros e as trocas de informações ocorram de forma ética e legal, é necessário um código de conduta entre as partes interessadas. Dessa maneira, o benchmarking deixará de ser associado a uma cópia não autorizada de práticas de outras empresas. Felizmente, esse conceito tem mudado no Brasil e muitos empresários estão obtendo proveito dessa ferramenta de forma metodológica, legal e ética. A APQC desenvolveu um código de conduta para o processo de benchmarking baseado nos princípios da legalidade, uso e troca de informações. A seguir são destacados alguns princípios utilizados nos Centros de Benchmarking para o código de conduta ético (GBN, 2012):

- **princípio da Legalidade:** não utilize qualquer informação sigilosa, imprópria e não autorizada. Não divulgue informações e resultados obtidos a terceiros, e não identifique a empresa e pessoas sem autorização dessas. É inaceitável que uma organização aja de má fé;

- **princípio da Troca de Informações:** forneça o mesmo tipo e nível de informação à empresa parceira que você deseja obter dela. Disponibilize informações de forma honesta e no tempo acordado;

- **princípio da Confidencialidade:** considere as informações relativas ao benchmarking, aos seus participantes e o nome das empresas parceiras de forma confidencial e interna. Nenhuma informação deve ser comunicada a terceiros sem autorização;

- **princípio do Contato e Entendimento:** respeite a cultura organizacional da empresa parceira e trabalhe conforme procedimentos acordados. Revele a sua identidade profissional e seu interesse já no primeiro contato com uma empresa parceira potencial. Informe o objeto do benchmarking em forma de documentos e questionários antes de uma visita técnica. Use as informações obtidas somente para os objetivos do benchmarking acordados com os parceiros.

4.8. Organizações e programas de benchmarking

Existem muitas organizações que oferecem programas e serviços de benchmarking. Na Figura 4.4, estão listadas algumas que podem ser acessadas pela internet. Nessa lista, foram citadas algumas organizações referenciadas nesse manual.

Organizações - Programa	Objeto	Endereço eletrônico
American Productivity and Quality Center - APQC	Centro Americano de Qualidade e Produtividade	www.apqc.org
Benchmarking - INDEX	Benchmarking empresarial para PMEs	www.benchmarkindex.com
Benchmarking Industrial - IEL	Boas Práticas Industriais	www.iel-ce.org.br
Benchmarking Network	Business Process Best Practices	www.benchmarkingnetwork.com
Benchmarking PROBE	Benchmarking de Boas Práticas	www.comparisonintl.com
Centro de Benchmarking - IAPMEI	Centro de Benchmarking de Portugal	www.iapmei.pt
Centro de Informação para Benchmarking - IZB	Centro de Benchmarking da Alemanha	www.izb.ipk.fraunhofer.de
European Centre for Best Practice Management	Management Centre	http://www.ecbpm.com/
Knowledge Management Benchmarking Association	Associação de Benchmarking de Conhecimento	www.kmba.org
Global Benchmarking Network	Rede global de benchmarking	www.globalbenchmarking.org
Global Excellence of Operations - GEO	Prêmio Fábrica do Ano	www.geo-award.com
Programa Benchmarking Brasil	Banco de Boas Práticas Socioambientais	www.benchmarkingbrasil.com.br
Sistema de Benchmarking e Monitoramento de Arranjos Produtivos – SIMAP	site atual	www.ot.ufc.br

FIGURA 4.4: ORGANIZAÇÕES E PROGRAMAS DE BENCHMARKING

>> Capítulo 5
Ferramentas para *Internet Benchmarking*

Estudos de benchmarking podem ser decompostos em três componentes principais, sendo: dados, métodos e mídia (Johnson *et* al., 2010). Dados são os índices-chave de desempenho, métricas que descrevem um conjunto de comparáveis práticas. Os métodos analisam e transformam os dados coletados em informações úteis e a mídia representa os canais pelos quais a informação é recolhida e os resultados são divulgados. Tipicamente, esses três componentes são abordados da seguinte maneira: dados são coletados através de entrevistas pessoais ou via telefone, e-mail ou visitas técnicas; em seguida são agrupados, processados e analisados através de métodos estatísticos; finalmente os resultados são divulgados através de relatórios e apresentações que, na maioria das vezes, não atingem uma grande audiência (Johnson *et.* al., 2010). Outra dificuldade apontada pelos autores, é o levantamento de dados suficientes para garantir a confiança do estudo, uma vez que esse pode ser dispendioso, demorado e difícil.

Em decorrência dessas limitações, pesquisadores têm desenvolvido e utilizado ferramentas computacionais de *benchmarking* baseadas na *internet* que permitem a coleta, o processamento e a análise comparativa de dados *online* contínua.

O processamento de dados permite que ferramentas computacionais possam auxiliar a tomada de decisão, por exemplo, o uso das técnicas estatísticas avançadas como Análise Envoltória de Dados (DEA) e Teoria da Resposta ao Item (TRI). Lai *et* al. (2011) propõem um benchmarking apoiado por sistemas de conhecimento e inteligência artificial, permitindo que diferentes técnicas possam auxiliar a tomada de decisão. Com recursos dessa natureza, o benchmarking torna-se uma ferramenta mais versátil e flexível.

Este capítulo descreve a nossa experiência no Observatório Tecnológico da UFC, com: dados, métodos e mídia. Esta seção inicia com a descrição dos tipos de variáveis e escalas para elaboração de questionários (dados), seguida da apresentação de ferramentas e estudos estatísticos aplicados aos bancos de dados (métodos), e finaliza com a descrição de softwares livres (mídia) para operacionalizar o internet benchmarking.

5.1. Variáveis e escalas

As variáveis utilizadas nas métricas representam a característica (desempenho) a ser medida em cada elemento da amostra. Essas podem ser dos seguintes tipos (Figura 5.1):

a) **quantitativas ou numéricas:** as variáveis numéricas representam uma quantidade mensurável de um atributo. Essas variáveis podem ser classificadas em discretas ou contínuas. Para ser contínua, a variável pode assumir qualquer valor, geralmente entre um mínimo e máximo. Um exemplo desse tipo de variável é a receita de uma empresa. Já as variáveis do tipo discretas assumem valores de um intervalo, por exemplo, a quantidade de funcionários, que somente pode assumir valores inteiros;

b) **qualitativas ou categóricas:** representam valores em forma de nomes ou grupos. Essas variáveis podem ser do tipo nominal, ordinal ou dicotômica. As nominais possuem categorias independentes, sem relação umas com as outras. Por exemplo: tamanho da empresa (pequena, média ou grande), classificação estratégica da empresa (fornecedor de *commodities*, estratégico, peças especiais ou *black box*) ou mercado de atuação da empresa (nacional, regional ou internacional). As ordinais apresentam uma relação de ordem, por exemplo, o percentual de implantação da ISO 9001 pode ser medido em: procedimentos informais (0%), procedimentos documentados (25%), programa formal de implantação (50%), realiza auditorias internas (75%) e certificação (100%), conforme questionário do Anexo C. As dicotômicas podem ser do tipo sim ou não, maior ou menor.

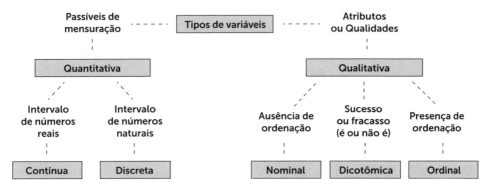

FIGURA 5.1: TIPOS DE VARIÁVEIS
BASEADO EM MORETTIN (2002) E SANTOS (2007)

Para mensurar o desempenho, é preciso fazer uso de uma variável e uma escala. Uma variável originalmente quantitativa pode ser coletada de forma qualitativa, e vice-versa. Por exemplo, a variável idade, medida em anos completos, é quantitativa (contínua); mas, se for informada numa escala de faixa etária (0 a 5 anos, 6 a 10 anos etc.), passa a ser qualitativa ordinal. Outro exemplo, é o peso dos lutadores de boxe, uma variável quantitativa (contínua) que pode ser representada em uma escala qualitativa (ordinal) se o classificarmos nas categorias do boxe (peso-pena, peso-leve, peso-pesado etc.).

A rigor, no tratamento estatístico das variáveis categóricas, não existe diferença se elas forem nominal ou ordinal. A única observação é que, quando você está lidando com uma variável ordinal, é aconselhável manter a ordem crescente das categorias, ou seja, de menor para maior (Santos, 2007).

No SIMAP Boas Práticas uma variável qualitativa ordinal apresenta categorias com uma relação de ordem umas com as outras. Por exemplo, os critérios são: 0-25-50-75-100% com a opção NA para não aplicável, ou seja, quando a ferramenta implícita no critério não se aplica para aquela empresa.

Para que a empresa tenha 75% em um determinado indicador, ela também precisa ter 25 e 50%, nesse mesmo indicador.

Para criar uma ferramenta de mensuração qualitativa, utiliza-se a escala de Likert. Essa escala conta com um ponto médio para registro da manifestação intermediária, indiferença ou nulidade (ótimo, bom, médio, ruim, péssimo) e tornou-se o paradigma da mensuração qualitativa. Ela é largamente aplicada em questionários, tanto na forma original de cinco níveis como adaptada a diferentes objetos de estudo.

5.2. Estudos estatísticos

As análises estatísticas variam de acordo com o tipo de variável coletada e com o interesse da análise. Por vezes, é desejável dar um tratamento quantitativo a variáveis qualitativas. Esse procedimento é aceitável, desde que seja passível de interpretação (Morettin, 2002). Esse é caso que iremos descrever.

5.2.1. Estudos de correlação

Estudos de correlação buscam medir o grau de relacionamento entre variáveis (ex. boas práticas) através do cálculo de coeficientes de correlação linear. Esses estudos podem propor uma hipótese que explica determinados fenômenos ou comportamentos. A existência de uma correlação não significa necessariamente que as duas variáveis possuam uma relação de causa e efeito, mas tão somente sugere a presença de um relacionamento entre elas. A confirmação das causalidades é de responsabilidade do especialista da área (Samohyl, 2009).

Nos processos industriais, aplicam-se estudos de correlação para analisar, por exemplo, como os insumos em um processo produtivo se relacionam com características de qualidade de produtos. Encontrando as relações entre variáveis no processo, o engenheiro pode melhorar o resultado, economizar recursos materiais e humanos e estabelecer um processo otimizado.

As análises de correlação permitem identificar se as variáveis associadas variam no mesmo sentido (coeficiente de correlação positivo), em sentidos opostos (coeficiente de correlação negativo) ou se não há correlação entre as variáveis (coeficiente de correlação zero).

O grau de associação ou força da correlação entre dois conjuntos de dados pode ser medido pelo coeficiente de correlação, que varia entre -1.0 e +1.0. A Figura 5.2 descreve os tipos de correlações com os respectivos coeficientes. De acordo com Santos (2007), quando o coeficiente for menor de 0.50, a correlação não chega a algum valor significativo, já que não é uma correlação que carrega alguma informação considerável.

Valores dos coeficientes calculados	Descrição
+ 1.00	Correlação positiva perfeita
+ 0.70 a 0.99	Correlação positiva muito forte
+ 0.50 a 0.69	Correlação positiva substancial
+ 0.30 a 0.49	Correlação positiva moderada
+ 0.10 a 0.29	Correlação positiva baixa
+ 0.01 a 0.09	Correlação positiva ínfima
0.00	Nenhuma correlação

FIGURA 5.2: ÍNDICES DE CORRELAÇÃO
FONTE: ADAPTADO DE SANTOS C (2007)

Para analisar a existência de correlações entre as boas práticas da produção de uma amostra de empresas localizadas nos estados do Rio Grande do Sul (RS), Rio Grande do Norte (RN) e Ceará (CE), utilizou-se a escala de Likert, com variáveis ordinais, e o software R, para calcular o coeficiente de correlação de Spearman. Esse estudo foi realizado nas seguintes etapas metodológicas:

a) em um primeiro momento, buscou-se verificar como os dez critérios do subsistema de gestão da produção (GP02) do SIMAP (Anexo D) correlacionam-se com os demais critérios, utilizando como amostragem o banco de dados referente a 176 empresas (denominada TODAS);

b) em um segundo momento, foram escolhidas as três maiores amostras por setor, sendo essas: a cadeia metal-mecânico (MM), com 58 empresas; a automotiva (MMA), com 45 empresas, e construção civil (CIVIL), com 38 empresas;

c) em seguida, efetuaram-se os mesmos estudos de correlação, utilizando o banco de dados reduzido referente às empresas que compõem as cadeias escolhidas;

d) finalmente, analisou-se o comportamento dos coeficientes de correlação entre as cadeias específicas e entre o total.

Todas as correlações foram positivas e variaram de 0 a 1. As correlações iguais, ou superiores a 0.5, estão descritas na Tabela 5.1.

	CRITÉRIOS	TODAS	MMA	MM	CIVIL
Tempo de Setup	Programas Participativos	0.531	0.419	0.562	-
PCP	Programas Participativos	0.533	0.564	0.603	0.398
Estudos de Capabilidade	Custos da Qualidade	0.567	0.568	0.394	0.507
	Controle de Processos	0.537	0.583	0.329	0.262
	Filosofia e Ferramentas JIT	0.510	0.407	0.358	0.565
	Lead Time do Desenvolvimento de Produtos	0.564	0.508	0.545	0.519
	Metodologia para Desenvolvimento de Novos Produtos	0.506	0.528	0.539	0.366
	Uso de Indicadores	0.507	0.454	0.278	0.293

	CRITÉRIOS	TODAS	MMA	MM	CIVIL
Custos da Qualidade	ISO 9001	0.523	0.546	0.505	0.568
	Estudos de Capabilidade	0.567	0.568	0.394	0.507
	Controle de Processos	0.635	0.670	0.643	0.357
	Manutenção Corretiva - Preventiva – TPM	0.541	0.512	0.341	0.380
	Desenvolvimento de Fornecedores	0.527	0.539	0.574	0.515
	Domínio e Uso de Normas Técnicas	0.535	0.303	0.194	0.465
	Usa Metodologia para Desenvolvimento de Novos Produtos	0.504	0.412	0.487	0.512
	Estratégia de produção	0.508	0.522	0.532	0.357
	Orientação ao Cliente	0.550	0.527	0.541	0.412
	Uso de Indicadores	0.576	0.518	0.460	0.512
	Plano de Treinamento	0.520	0.555	0.443	0.311
	Descrição de Cargos e Competências	0.574	0.509	0.474	0.563
	Programas Participativos	0.526	0.566	0.367	0.320
Controle de Processos	ISO 9001	0.612	0.626	0.735	0.550
	Estudos de Capabilidade	0.537	0.583	0.329	0.262
	Custos da Qualidade	0.635	0.670	0.643	0.356
	Defeitos – PPM	0.548	0.465	0.445	0.192
	Desenvolvimento de Fornecedores	0.521	0.364	0.587	0.563
	Domínio e Uso de Normas Técnicas	0.532	0.317	0.477	0.274
	Usa Metodologia para Desenvolvimento de Novos Produtos	0.559	0.550	0.626	0.676
	Estratégia de Produção	0.566	0.723	0.533	0.408
	Orientação ao Cliente	0.612	0.660	0.709	0.523
	Uso de Indicadores	0.644	0.644	0.598	0.537
	Plano de Treinamento	0.602	0.628	0.622	0.713
	Descrição de Cargos e Competências	0.609	0.669	0.609	0.696

CRITÉRIOS		TODAS	MMA	MM	CIVIL
Defeitos – PPM	Controle de Processos	0.548	0.465	0.445	0.192
	Estratégia de Produção	0.583	0.531	0.536	0.453
	Orientação ao Cliente	0.503	0.523	0.586	0.363
	Programas Participativos	0.504	0.444	0.504	0.448
Manutenção Corretiva – Preventiva – TPM	Custos da Qualidade	0.541	0.512	0.341	0.380
	Descrição de Cargos e Competências	0.540	0.535	0.221	0.505
Filosofia e uso de ferramentas JIT	OSHAS 18000	0.513	0.510	0.485	0.374
	Estudos de Capabilidade	0.510	0.407	0.358	0.564
	Lead Time do Desenvolvimento de Produtos e Serviços	0.529	0.553	0.584	0.482
	Programas Participativos	0.511	0.453	0.578	0.303
Desenvolvimento de Fornecedores	Custos da Qualidade	0.527	0.239	0.574	0.515
	Controle de Processos	0.521	0.364	0.587	0.563
	Domínio e Uso de Normas Técnicas	0.520	0.251	0.331	0.378
	Usa Metodologia para Desenvolvimento de Novos Produtos	0.522	0.382	0.600	0.666
	Parcerias com Fornecedores / Clientes	0.654	0.598	0.603	0.429
	Estratégia de Produção	0.538	0.481	0.504	0.324
	Estilo de Liderança e Envolvimento dos Empregados	0.519	0.231	0.310	0.518
	Orientação ao Cliente	0.535	0.382	0.527	0.352
	Plano de Treinamento	0.545	0.452	0.622	0.474
	Descrição de Cargos e Competências	0.519	0.462	0.512	0.563

TABELA 5.1: CORRELAÇÕES ENTRE AS BOAS PRÁTICAS DA PRODUÇÃO

Os resultados identificaram as seguintes naturezas e intensidades das correlações com as boas práticas utilizadas em sistemas produtivos:

- todas as correlações foram positivas e variaram de 0 a 1;

- o único critério que não obteve um coeficiente de correlação maior que 0.500, para o banco de dados TODAS, foi a idade média dos equipamentos;
- observaram-se correlações "positiva substancial" entre vários critérios dos sete;
- subsistemas (GP);
- o maior coeficiente de correlação encontrado em cada uma das três cadeias foi de 0.723, entre estratégia de produção com controle de processos (MMA); 0.735, entre ISO 9001 com controle de processos (MM); e 0.713, entre plano de treinamento com controle de processos (CIVIL);
- o menor coeficiente de correlação encontrado em cada uma das três cadeias foi de 0.231, entre estilo de liderança e envolvimento dos empregados com desenvolvimento de fornecedores (MMA); 0.194, entre domínio e uso de normas técnicas com custos da qualidade (MM); e 0.192, entre defeitos – PPM com controle de processos (CIVIL).

Em relação à variação dos coeficientes entre o banco de dados TODAS e as três cadeias pesquisadas MMA, MM e CIVIL, observa-se o seguinte:

- a intensidade da correlação encontrada no banco de dados TODAS pode diferenciar, substancialmente, das cadeias específicas (setoriais);
- as correlações entre os setores MMN e MMA são parecidas e variam pouco umas das outras;
- as maiores diferenças nos coeficientes de correlação foram encontradas no setor da construção civil;
- uma correlação substancial, ou muito forte, encontrada em uma cadeia, não indica, necessariamentte, que terá a mesma intensidade nas outras.

5.2.2. Análise de Boxplot

Boxplot é uma estatística descritiva, com apresentação gráfica de uma caixa (ou Boxplot), muito usada nos relatórios de benchmarking (ver cap. 3). Ela mostra grupos de dados numéricos na forma de quartis. Os quartis são estatísticas que dividem os dados **ordenados** em quatro conjuntos com as mesmas quantidades da amostra. O gráfico Boxplot apresenta as seguintes características (Figura 5.3):

- a menor e a maior observação (mínimo e máximo da amostra);
- as partes inferior (Q1 = 25%) e superior (Q3 = 75%) da caixa representam 50% dos dados da amostra;
- o Q2 é a mediana. Acima e abaixo dele, encontram-se 50% das empresas;
- entre Q3 e Q2 e, entre Q2 e Q1, encontram-se 25% da amostra, respectivamente;
- uma empresa com valor correspondente a "maior" significa a melhor posição na amostra. O valor correspondente a Q3, Q2 e Q1 significa, respectivamente, a posição de 75, 50 e 25% da amostra. O valor "menor" significa a pior posição;
- *outliers* são valores extremamente altos ou baixos da amostra e podem indicar tanto dados incorretos como exceções.

A Figura 5.3 mostra o desempenho das 176 empresas nos critérios C6 a C15 do subsistema GP02 (Anexo 3).

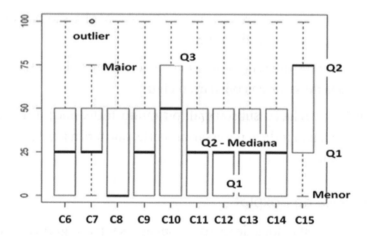

FIGURA 5.3: BOXPLOT APLICADO À GESTÃO DA PRODUÇÃO (GP02)

Analisando a Figura 5.3, podemos afirmar que:

- o tempo de setup (C6), os custos da qualidade (C9), os defeitos PPM (C11), a manutenção (C12), a filosofia e uso de ferramentas JIT (C13) e o desenvolvimento de fornecedores (C14) têm comportamento similar e revelam que somente 25% das empresas apresentam um desempenho entre 50 a 100% nesses critérios. Ou seja, uma empresa que apresenta o desempenho na mediana (traço em negrito) equivalente à escala de 25% do SIMAP (ver Anexo D) estaria na posição de 50% da amostra;
- 50% das empresas fazem uso de planilhas eletrônicas (C7) ou de algum software para apoiar o Planejamento e Controle de Produção (PCP), e apenas algumas empresas isoladas (*outliers*) fazem uso de ERP;
- estudos de capabilidade (C8) são desconhecidos por 50% das empresas da amostra e essas provavelmente possuem processos instáveis. Essas empresas não utilizam um indicador para medir os seus retrabalhos ou rejeições (C11);
- a Figura 5.3 revela que 50% das empresas possuem equipamentos com idade média menor do que dez anos (C15);
- a mediana (negrito) está em posicionamento inferior, o que indica que 50% das empresas têm desempenhos inferiores a 25% e 50% nesses critérios.

5.2.3. Análise de Scatterplot

Uma análise do tipo *Scatterplot* é uma representação de um conjunto de dados acerca de duas variáveis que traz informações de cada uma delas, e dos relacionamentos entre si. Um gráfico *Scatterplot* informa sobre: frequências, histogramas, testes estatísticos, variabilidades, correlações, regressões, funções de distribuição etc. Esses gráficos são especialmente úteis para situações que requeiram análises sobre um grande volume de dados.

A Figura 5.4 apresenta uma matriz de *Scatterplot* e descreve o relacionamento de cinco variáveis do SIMAP, sendo: C1 (ISO 9001), C2 (ISO 14000), C3 (5S), C4 (SA 8000) e C5 (OSHAS 18000). Observa-se, na diagonal principal da matriz, um histograma para cada variável, indicando a frequência nos percentuais da escala Likert (0-25-50-75-100%). Junto a cada histograma, pode ser visualizada a regressão que busca explicar visualmente o comportamento dos dados. Já acima e abaixo da diagonal, está representado o gráfico de dispersão para cada duas variáveis. Em cada um desses gráficos são visualizados ainda a regressão linear (reta), o centro de massa (o ponto médio) e a dispersão dos pontos (elipse).

Tomando como exemplo o gráfico que ilustra o relacionamento entre as variáveis C1 e C2, na primeira linha e segunda coluna da matriz de *Scatterplot*, observamos que:

- quando os valores de C2 são maiores que 50%, os valores de C1 são próximos a 100%, ou seja, empresas que têm um programa formal de Gestão Ambiental (ISO 14000) provavelmente estão certificadas na ISO 9001;

- quando os valores de C1 são elevados, os valores de C2 não são concentrados em alguma categoria na escala que varia entre 0% a 100%. Ou seja, uma empresa com programa avançado na Gestão da Qualidade, não necessariamente avançou da mesma forma na Gestão Ambiental;

- o valor médio de C2 está entre 0% e 25%, enquanto o valor de C1 está próximo a 50%. O desempenho médio na Gestão da Qualidade, para a amostra, é maior do que na Gestão Ambiental;

- poucas empresas da amostra responderam que têm um Programa de Gestão Ambiental implementado.

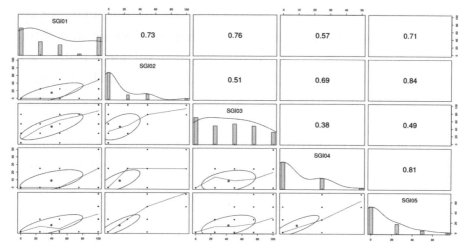

FIGURA 5.4: SCATTERPLOT PARA SISTEMAS DE GESTÃO INTEGRADA.

5.2.4. Input versus Output

O relatório do tipo *input versus output* foi inspirado na ferramenta Análise Envóltoria de Dados (DEA) e realiza uma análise comparativa das práticas utilizadas. Realiza-se uma comparação relativa, que leva em conta apenas os valores globais das práticas que foram utilizadas por cada empresa *(input)* e o nível global de adoção dessas ferramentas *(output)*. A Figura 5.5 apresenta um conjunto de empresas atuantes no Brasil. A empresa que está sendo analisada está marcada com um círculo para se destacar das demais empresas representadas também em pequenos triângulos.

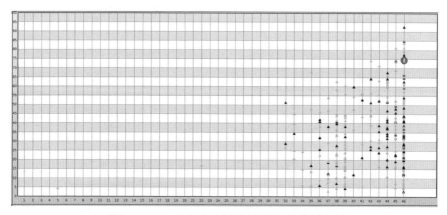

FIGURA 5.5: ANÁLISE *INPUT VERSUS OUTPUT*

A ferramenta DEA tem sido muito utilizada em benchmarking, comparando organizações com estruturas e recursos diferenciados. Através de indicadores de entradas (recursos) e saídas (resultados), realiza-se um benchmarking de eficiência entre elas. Estudos comparando eficiência de portos, agências bancárias e lojas de varejo estão entre alguns exemplos encontrados na literatura. Nesses casos, é possível comparar, por exemplo, a eficiência no uso de portos com quantidades variáveis de *piers* com profundidades de calados diferentes que movimentam materiais diversos.

5.2.5. Teoria de Resposta ao Item (TRI)

Segundo Andrade *et al.* (2000) e Reise *et al.* (2005), a Teoria de Resposta ao Item (TRI) é formada por modelos matemáticos e estatísticos que são utilizados para a geração e análise de itens e escalas. A medição de respondentes é realizada em uma escala latente de interesses (ex. desempenho, maturidade, habilidade, satisfação) que não são observados diretamente. A escala é formada através de itens elaborados e agrupados em construtos (questionários). Dessa maneira, a TRI coloca em uma única escala a possibilidade de avaliar e comparar respondentes (ex. empresas) e itens. A Curva Característica do Item (CCI) da Figura 5.6 representa essa relação, ou seja, a probabilidade de responder afirmativamente o item e o grau de maturidade para um questionário no qual há cinco categorias de resposta, quais sejam: 0%, 25%, 50%, 75% e 100% do item.

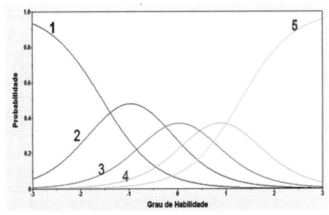

FIGURA 5.6: CURVA CARACTERÍSTICA DO ITEM

Item / Descrição	Gestão	ai	Item / Descrição	Gestão	ai
27- Uso de Indicadores	Gestão Estratégica	3,29	6- Tempo de Setup	Gestão da Produção	2
41- Descrição de Cargos e Competências	Gestão de Recursos Humanos	2,92	20- Desenv. de Produtos	Gestão de Produtos	1,95
46- Método de Análise de Investimento	Gestão Financeira	2,61	5- OSHAS 18000	Sistema Integrado de Gestão	1,89
43- ERP Integrado	Gestão Financeira	2,56	18- Uso de Eng. Simultânea	Gestão de Produtos	1,85
42- Programas Participativos	Gestão de Recursos Humanos	2,55	36- Transações Comerciais	Gestão da Logística	1,85
1- ISO 9001	Sistema Integrado de Gestão	2,53	35- Fluxo Financeiro	Gestão da Logística	1,83
10- Controle de Processos	Gestão da Produção	2,51	7- PCP	Gestão da Produção	1,82
8- Estudos de Capabilidade	Gestão da Produção	2,48	13- Filosofia e Ferramentas JIT	Gestão da Produção	1,81
23- Estratégia de Produção	Gestão Estratégica	2,48	3- ISO 14001	Sistema Integrado de Gestão	1,75
45- Custeio ABC	Gestão Financeira	2,47	16- Domínio e Uso de Normas	Gestão de Produtos	1,73
38- Sistema de Transportes	Gestão da Logística	2,46	30- Fluxo de Materiais	Gestão da Logística	1,69
40- Treinamento de colaboradores	Gestão de Recursos Humanos	2,32	44- Custeio Direto	Gestão Financeira	1,68
26- Orientação ao Cliente	Gestão Estratégica	2,26	21- Parceria com Fornecedores	Gestão de Produtos	1,52
22- Planejamento Estratégico	Gestão Estratégica	2,21	39- Relacionamento e Parceria	Gestão da Logística	1,5
28- Controle de Estoques	Gestão da Logística	2,19	12- Manutenção	Gestão da Produção	1,35
34- Fluxo de Informação	Gestão da Logística	2,1	25- Uso de Benchmarking	Gestão Estratégica	1,26
37- Controle de Armazém	Gestão da Logística	2,1	11- Defeitos – PPM	Gestão da Produção	1,08

Item / Descrição	Gestão	ai	Item / Descrição	Gestão	ai
9- Custos da Qualidade	Gestão da Produção	2,05	31- Prestadores Logísticos	Gestão da Logística	1,07
24- Estilo de Liderança	Gestão Estratégica	2,05	17- CAD-CAE-CIM	Gestão de Produtos	1,06
2- ISO 14001	Sistema Integrado de Gestão	2	33- Unitização	Gestão da Logística	1,04
14- Desenvolvimento de Fornecedores	Gestão da Produção	2,01	32- Manuseio	Gestão da Logística	1,02
19- Lead Time de Desenvolvimento	Gestão de Produtos	2,01	15- Idade Média de Equipamentos	Gestão da Produção	0,74
4- 5Ss	Sistema Integrado de Gestão	2,29	Rotatividade de Estoques	Gestão da Logística	0,67

TABELA 5.2: ITENS, GESTÃO E GRAU DE DISCRIMINAÇÃO (AI).

Pos.	Emp.	Teta	Pos.	Emp.	Teta	Pos.	Emp.	Teta	Pos.	Emp.	Teta	Pos.	Emp.	Teta
1	743	1,88	38	687	0,356	75	689	-0,28	112	638	-0,86	149	965	-1,52
2	808	1,64	39	806	0,348	76	935	-0,29	113	664	-0,89	150	860	-1,56
3	758	1,4	40	787	0,299	77	771	-0,31	114	690	-0,89	151	658	-1,57
4	654	1,35	41	1006	0,29	78	868	-0,32	115	660	-0,9	152	626	-1,58
5	733	1,2	42	815	0,265	79	969	-0,35	116	818	-0,92	153	820	-1,64
6	695	1,2	43	673	0,263	80	772	-0,35	117	988	-0,93	154	1001	-1,68
7	814	1,19	44	671	0,2	81	727	-0,36	118	765	-0,93	155	645	-1,71
8	940	1,13	45	676	0,177	82	959	-0,37	119	637	-0,95	156	853	-1,77
9	946	1,04	46	698	0,176	83	824	-0,4	120	678	-0,97	157	630	-1,8
10	829	1,03	47	822	0,168	84	766	-0,4	121	684	-0,98	158	854	-1,86
11	942	1,02	48	662	0,139	85	628	-0,44	122	971	-0,98	159	647	-1,87
12	963	1,01	49	751	0,125	86	632	-0,44	123	757	-1	160	748	-1,91
13	686	0,94	50	731	0,11	87	653	-0,45	124	679	-1,02	161	652	-1,93
14	941	0,9	51	812	0,105	88	668	-0,45	125	663	-1,05	162	629	-1,96
15	967	0,73	52	682	0,083	89	951	-0,45	126	677	-1,06	163	636	-1,96
16	760	0,72	53	741	0,077	90	744	-0,46	127	702	-1,07	164	631	-1,97
17	693	0,64	54	646	0,045	91	680	-0,47	128	832	-1,09	165	863	-2,02
18	779	0,63	55	670	0,039	92	934	-0,48	129	785	-1,1	166	794	-2,02
19	957	0,62	56	972	0,019	93	627	-0,49	130	635	-1,11	167	710	-2,17
20	681	0,61	57	945	0,015	94	729	-0,49	131	843	-1,17	168	856	-2,21
21	700	0,59	58	749	-0,02	95	846	-0,52	132	641	-1,2	169	855	-2,27

Pos.	Emp.	Teta	Pos.	Emp.	Teta	Pos.	Emp.	Teta	Pos.	Emp.	Teta	Pos.	Emp.	Teta
22	650	0,59	59	640	-0,03	96	742	-0,53	133	774	-1,2	170	659	-2,28
23	979	0,59	60	665	-0,03	97	725	-0,56	134	769	-1,21	171	859	-2,29
24	780	0,59	61	746	-0,07	98	648	-0,58	135	642	-1,24	172	861	-2,32
25	696	0,58	62	978	-0,09	99	961	-0,65	136	691	-1,25	173	851	-2,33
26	768	0,55	63	756	-0,09	100	950	-0,67	137	701	-1,26	174	813	-2,34
27	739	0,53	64	728	-0,11	101	740	-0,68	138	730	-1,28	175	857	-2,39
28	962	0,5	65	683	-0,13	102	948	-0,71	139	773	-1,3	176	862	-2,45
29	738	0,49	66	667	-0,13	103	823	-0,76	140	685	-1,35	177	852	-2,47
30	722	0,49	67	828	-0,13	104	643	-0,82	141	734	-1,36			
31	781	0,46	68	699	-0,14	105	644	-0,83	142	732	-1,36			
32	745	0,42	69	968	-0,16	106	953	-0,83	143	964	-1,36			
33	666	0,41	70	724	-0,19	107	661	-0,83	144	858	-1,4			
34	973	0,4	71	966	-0,2	108	697	-0,84	145	656	-1,4			
35	651	0,38	72	817	-0,21	109	639	-0,84	146	649	-1,44			
36	655	0,36	73	716	-0,23	110	726	-0,85	147	634	-1,49			
37	805	0,36	74	754	-0,26	111	970	-0,86	148	657	-1,5			

TABELA 5.3: RANKING DAS EMPRESAS ORDENADO PELA MATURIDADE TETA.

Na Figura 5.6, o eixo das abscissas indica o grau de habilidade das empresas que, nesse trabalho, varia entre os valores de -3 a 3. O eixo das ordenadas indica a probabilidade de a empresa atender ao item percentualmente, expresso na forma decimal, que varia de 0 a 1. A curva 1 representa a probabilidade (P) de uma empresa ter 0% do item implementado. As curvas 2, 3 e 4 apresentam as probabilidades de implantação intermediárias 25%, 50% e 75%, respectivamente. A curva 5 representa a probabilidade de implantação integral do item, ou seja, 100%.

Percebe-se, na Figura 5.6, que as empresas com menor habilidade têm maior probabilidade de estar em categorias inferiores de implantação desse item. À medida que uma empresa aumenta a sua habilidade, diminui a possibilidade de estar no nível de implantação anterior, curva 2 por exemplo, e aumenta a possibilidade de alcançar o nível seguinte da escala, representado pela curva 3. À medida que a habilidade de uma empresa respondente aumenta, cresce também a sua possibilidade de atender ao item completamente (curva 5) e que esta probabilidade chega próximo de 1, ou 100%, quando a empresa alcança maturidade máxima, ou seja, 3 nesse exemplo.

O presente estudo teve como metodologia a aplicação da TRI a partir de dados obtidos do construto SIMAP em 176 empresas. Todas as CCIs foram plotadas pelo software MULTILOG, em uma matriz (Figura 5.7), com 21 gráficos relativos aos 21 itens do SIMAP. Cada linha (i=1 a 5) representa o nível de implantação ou desempenho empresarial nos 21 critérios, medidos na escala de 0% a 100%.

As seguintes análises foram realizadas comparando as respectivas CCIs (Figura 5.6), e os dados dos parâmetros (Tabelas 5.2 e 5.3), com os critérios do SIMAP:

- 44 critérios das CCIs apresentaram o parâmetro de discriminação (a) acima de 1, indicando a capacidade de discriminação das boas práticas relacionadas. As CCIs apresentaram muito boa distribuição normal, com exceção das CCIs 15 e 29 que tiveram o índice de discriminação (a_i) menor que 1. A distribuição das curvas, ao longo da escala de maturidade, variou muito dependendo do critério. Em alguns critérios, elas apresentaram uma maior concentração (ex. 27, 43 a 46) do que em outros (ex. 19, 27, 33);

- a norma NBR 9001 (CCI 1) apresenta um alto grau de discriminação na amostra pesquisada, embora não tenha um grau de dificuldade elevado. As empresas com maturidade ($\Theta > 1$) têm aprox. 80% de probabilidade (P) de serem certificadas. Existem muitas empresas da amostra ($\Theta < -1$) trabalhando com procedimentos informais (não documentados);

- para a gestão ambiental (CCI 2), a probabilidade maior do que 80% (P > 80%) de certificação é encontrada nas empresas com maturidade ($\Theta > 2$), não encontrada na amostra. Empresas com maturidade ($\Theta > 1$) têm somente P=aprox. 40 % de estarem certificadas. Esse item apresenta alta discriminação (a_i=2,01);

- no item relativo à implantação de programas 5Ss (CCI 3), verifica-se que uma empresa com maturidade (Θ) > 1 apresenta a P=aprox. 60% de terem implementadas essas práticas na sua organização;

- as CCI 4 e 5 ilustram a utilização de práticas de Responsabilidade Social (SA 8000) e de Gestão de Saúde e Segurança do Trabalho (OSHAS 18000). A certificação da primeira tem um grau de dificuldade (bi,4=1,93) e discriminação (ai=2,0) maiores do que a segunda (bi,4=1,56 e ai=1,83);
- em relação ao tempo de setup, somente empresas com $\Theta>2$ têm a P>60% de aplicarem o Single Minute Exchange of Die (SMED), ao passo que, as empresas com $\Theta<-1$ têm probabilidade superior a 80% de apresentarem controle informal no tempo de setup. Observa-se que a troca rápida de ferramenta exige uma maturidade superior das empresas;
- empresas com $\Theta=0$ têm P=aprox. 40% de utilizarem alguma ferramenta para auxiliar no planejamento e controle da produção. Empresas com $\Theta>1$ e $\Theta>2$ apresentam aprox. 40% e 80% de probabilidade de utilizarem Planejamento de Recursos Materiais (MRP) e Planejamento de Recursos Empresariais (ERP), respectivamente.
- a CCI 8 indica que empresas com $\Theta=1,5$ têm P=aprox. 60% de realizarem estudos de capabilidade de processo e, aquelas com $\Theta>2$, apresentam P=aprox. 60% de terem capabilidade dos seus principais processos (Cpk) igual a 2. Empresas com $\Theta<-1$ apresentam P=aprox. 70% de trabalharem com processos instáveis;
- em relação aos custos de má qualidade, somente as empresas com $\Theta=2$ teriam P= aprox. 80% de apresentarem custos inferiores a 0,5% do faturamento. Por outro lado, empresas com $\Theta<-1$ apresentam P=aprox. 60% de desconhecerem os seus custos da má qualidade;
- as práticas CCI 11 (defeitos ppm), CCI 12 (manutenção), CCI 15 (idade média de equipamentos), CCI 17 (CAD-CAE-CIM), CCI 25 (uso de benchmarking), CCI 29 (rotatividade de estoques), CCI 31 (prestadores e operadores logísticos), CCI 32 (manuseio) e CCI 33 (unitização) apresentaram curva normal bem dispersa com parâmetros de discriminação (ai) menores do que 1,35;

- somente as empresas com Θ>2 apresentam P> 60% de aplicar mais do que 3 ferramentas da filosofia *just in time* (CCI 14) e P>80% de estabelecerem parcerias com seus fornecedores (CCI 14). As empresas com Θ<-1 provavelmente não utilizam ferramentas *just in time*;
- de acordo com a CCI 14, as empresas com Θ>1 apresentam P=aprox. 60% de trabalharem com todas as normas técnicas relacionadas aos seus produtos e processos continuamente atualizadas;

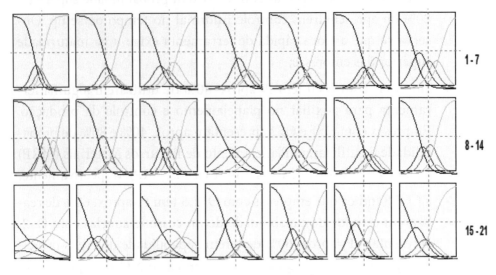

FIGURA 5.7: MATRIZ DE CURVAS CARACTERÍSTICAS DOS ITENS.

- empresas com maturidade Θ=0 têm P=aprox. 60% de utilizarem informalmente a engenharia simultânea e equipe multifuncional no desenvolvimento de produto. A partir de Θ=2 (P=aprox. 80%) utilizam essas duas ferramentas;
- empresas com maturidade Θ=1 têm aprox. 50% de probabilidade de possuírem *lead time* competitivo para desenvolvimento de produto (CCI 19) e melhorarem continuamente a sua metodologia para desenvolvimento de produtos (CCI 20);
- a prática de realização de parcerias com seus fornecedores e clientes tem P=60% de ser encontrada nas empresas com Θ >1.

5.3. Softwares para benchmarking

Para o desenvolvimento do SIMAP, foram pesquisadas diferentes ferramentas que são aplicáveis no desenvolvimento do benchmarking pela internet. As ferramentas identificadas foram: LimeSurvey, phpEsp, Advanced Pool, além de vários outros Supply Chain Management Systems (SCMS). Ao final do processo de escolha, foi selecionada a ferramenta de *software* livre *LimeSurvey*, utilizando o banco de dados MySQL e phpESP, como linguagem de programação.

1. **LimeSurvey**

    Essa é uma ferramenta para a criação e gestão de pesquisas *on-line*. Com o *LimeSurvey*, pode-se criar diversos tipos de pesquisas como: multilinguagem, gerenciamento de usuários, criação de *tokens* e análises estatísticas iniciais através de relatórios de fácil exportação (*LimeSurvey*; 2009). Contando com uma comunidade *on-line* ativa, o *LimeSurvey* apresentou-se como uma solução interessante para o desenvolvimento e expansão do SIMAP. O *LimeSurvey* é organizado por questionários, grupos, questões e respostas. Dentro de cada um dos níveis e subníveis de administração, são disponibilizados os seguintes recursos (*LimeSurvey*; 2009):

    » na administração da ferramenta, é realizado o controle de permissões, a visualização de dados técnicos, o backup do banco de dados, o gerenciamento de rótulos para as questões e a administração dos modelos de questionários;

    » a administração dos questionários permite a edição de dados gerais, testes do questionário completo, geração de versão para impressão, exclusão do questionário, exclusão de regras para o questionário, exportar os resultados, alterar a ordem de exibição dos grupos, administrar as respostas de cada questionário e gerenciar os tokens de acesso ao questionário;

    » na administração de grupos, é possível a alteração na ordem em que as questões aparecem dentro do grupo, a remoção de um grupo e a alteração dos dados básicos de um grupo;

> na administração das questões pode-se realizar: edição de informações básicas sobre a questão, eliminação de questão, duplicação de uma questão existente, criação de regras para a questão, teste da questão e administração das possíveis respostas dessa questão (caso existam respostas predefinidas).

2. phpESP

O phpESP também é um sistema desenvolvido em PHP com armazenamento de dados em MySQL. Essa ferramenta permite que usuários não técnicos possam criar e gerenciar pesquisas. Um problema dessa plataforma é o fato de sua interface ser pequena, o que dificulta o suporte e a manutenção. Essa ferramenta possui o recurso de exportação para CSV, mas não auxilia a integração com outros pacotes de análise estatística como Project R.

Nesse software, não é possível realizar a criação de *tokens* e gerenciá-los de modo flexível. Esse recurso, presente no *LimeSurvey*, permite o convite e gerenciamento das respostas que estão sendo informadas dentro da ferramenta. Por fim, essa ferramenta não se mostrou interessante por ainda possuir uma pequena quantidade de tipos diferentes de questões, que limitam a flexibilidade dos questionários que precisam ser desenhados na ferramenta.

3. Project R

O projeto R é composto por uma plataforma inicial com diversos pacotes e um repositório CRAN onde podem ser baixados módulos complementares. Existem mais de 14 mil pacotes disponíveis e cada um deles apresenta diversas funções. Qualquer organização pode utilizar-se do projeto R, podendo, inclusive, contribuir com novas análises em determinados pacotes ou criar pacotes novos, servindo especialmente para atividades de análises estatísticas, normalmente, bastante complexas.

A colaboração para esse sistema tem sido muito grande nos últimos anos, inclusive culminando com muitos pacotes novos desenvolvidos para as mais diversas finalidades. Muitos desses pacotes são úteis para realizar análises sobre os dados, permitindo que o especialista possa obter conclusões confiáveis a partir dos dados coletados pelos sistemas de benchmarking. Outro grande diferencial desse sistema, é a sua integração com editores de texto utilizando o LATEX para modelar documentos científicos, de modo que em um único documento é possível atualizar diversos gráficos, automaticamente, no caso de uma simples mudança da base de dados.

>> Capítulo 6
Estudos de Casos de Benchmarking

Neste capítulo são apresentados casos de benchmarking acompanhados de considerações dos autores. As diferentes aplicações ilustram o uso do benchmarking com diferentes objetivos e metodologias. Os estudos de casos são:

Estudos de casos	Objetivo	Metodologia
Indústria automotiva portuguesa	Aumento de competitividade de PMEs europeias	BMindex
Xerox Company	Melhorias no produto, processo e gestão das empresas do grupo	Própria
Desempenho da indústria cearense	Desenvolvimento regional	SIMAP Boas Práticas
Desenvolvimento de metodologia de benchmarking	Análise de indicadores quantitativos	SIMAP Competitivo
INACE	Aumento de competitividade Desenvolver novos modelos de negócios	Benchmarking industrial Benchmarking tecnológico

FIGURA 6.1: ESTUDOS DE CASOS

6.1. BMindex na indústria portuguesa de componentes automotivos

O Instituto de Apoio às Pequenas e Médias Empresas e à Inovação (IAPMEI), de Portugal e a Associação de Fabricantes para a Indústria Automóvel (AFIA) participaram do projeto conhecido como BMindex "Um estudo europeu", realizado no ano de 2000. O objetivo do projeto foi aumentar a competitividade de PMEs através das boas práticas gerenciais. A AFIA aplicou o questionário (Anexos A e B) em 14 empresas, com apoio de técnicos certificados e comparou os resultados obtidos com o banco de dados europeu (AFIA, 2006).

A amostra é caracterizada por vários subsetores e atividades (código SIC), conforme Figura 6.2. O número de funcionários dessas empresas foi 67 para a menor, e 613 para a maior empresa.

SIC	Atividade	Amostra
25130	Fabricação de produtos de borracha	2
25230	Fabricação de artigos de plástico para a construção	1
25240	Fabricação de artigos de plástico	1
27540	Fundição de metais não ferrosos	1
28752	Fabricação de outros produtos metálicos	1
31300	Fabricação de fios e cabos isolados	1
32300	Fabricação de aparelhos eletroeletrônicos	1
34300	Fabricação de componentes e acessórios para veículos e seus motores	6

FIGURA 6.2: CARACTERIZAÇÃO DA AMOSTRA DO ESTUDO DE BENCHMARKING

A tabela 6.1 mostra os índices de rentabilidade da amostra portuguesa, comparados com a amostra do banco de dados do BMindex para o SIC 34300 (acessórios automotivos), e para os seguintes valores: inferior (menor da amostra), mediana (equivalente a posição de 50%), superior (maior) e o tamanho da amostra (n°). A fórmula dos indicadores está descrita no Anexo B.

Índices	AFIA – Portugal				BMindex internacional			
Rentabilidade ou retorno	inferior	mediana	superior	n°	Inferior	Mediana	superior	n°
Rentabilidade das vendas (%)	-2,82	2,48	8,60	14	-7,09	4,58	24,89	410

Retorno do ativo líquido (%)	-5,68	3,36	21,26	13	-24,10	11,06	90,48	361
Índices	AFIA – Portugal				BMindex internacional			
Retorno do ativo total (%)	-4,61	2,54	15,43	13	-10,51	7,73	44,70	388
Retorno do capital investido	-7,79	4,27	31,83	13	-24,10	13,37	98,55	327
Valor agregado bruto (mil euros)	1.855,70	4.347,46	32.128,78	13	247,95	2.085,00	31.019,00	407
Valor agregado bruto/ativo líquido(%)	13,12	70,33	201,56	13	10,68	123,70	528,45	362
Valor médio dos pedidos (mil euros)	0,75	6,02	1075,76	12	0,19	1,98	89,53	343

TABELA 6.1: INDICADORES DE RENTABILIDADE

As 14 empresas portuguesas apresentaram uma variação na rentabilidade das vendas de -2,82% a 8,60%, ao passo que as 410 empresas cadastradas no BMindex apresentaram uma variação de -7,09% a 24,89%. Uma empresa com rentabilidade de 2,48% estaria na posição mediana (50%) da amostra portuguesa e na posição 4,58% do BMindex.

Observa-se ainda que, para 50% de 13 empresas portuguesas, o retorno do capital investido foi superior a 4,27% e 13,37% para o BMindex. Uma análise financeira mais aprofundada poderia comparar o retorno do capital investido com o custo desse capital adquirido no mercado financeiro. Se o retorno for menor do que o custo financeiro, significa que a empresa estará perdendo ou desagregando valor. No caso hipotético de rentabilidade igual à mediana (4,27%), significa que 50% das empresas portuguesas estariam perdendo valor. O volume de negócios, por pedido (valor médio), das empresas portuguesas é bem superior do que as do BMindex.

A tabela 6.2 exemplifica o desempenho nos indicadores de inovação. O quadro mostra o quanto as empresas automotivas estão constantemente desenvolvendo novos produtos e buscando novos clientes, novos segmentos de atuação e novos mercados. Não existem diferenças significativas entre as empresas automotivas portuguesas e as demais do banco de dados.

Índices Gestão da inovação	AFIA – Portugal				BMindex internacional			
	inferior	mediana	superior	nº	inferior	mediana	superior	nº
% de vendas de novos produtos	0	7,38	29,19	11	0	2,65	34,37	292
% de vendas em novas áreas geográficas	0	0,52	15,44	10	0	0	13,85	263
% de vendas em novos segmentos	0	0,11	25,87	9	0	0	20,36	263
% de vendas em novos mercados	0	8,08	51,74	11	0	4,17	52,00	255
% de novos clientes	0	12,14	45,92	13	0	11,56	46,81	300

TABELA 6.2: INDICADORES DE INOVAÇÃO

Observa-se, na Tabela 6.3, uma grande mobilidade de funcionários nessas empresas. Nas organizações portuguesas, saíram entre 1,05% a 53,11% dos trabalhadores das empresas e foram recrutados entre 0,65% a 63,84%. Esses índices poderiam ser menores, pois uma flutuação grande prejudica a memória das empresas. As organizações que apresentaram o percentual de funcionários que as deixaram em menos de seis meses elevado (por exemplo, 20% ou mais), provavelmente têm problemas no seu processo de recrutamento e seleção.

Índices Satisfação dos Colaboradores	AFIA – Portugal				BMindex internacional			
	inferior	mediana	superior	nº	inferior	mediana	superior	nº
% de funcionários que saíram da empresa (*)	1,05	11,11	53,11	12	0	8,68	46,67	354
% novos funcionários (*)	0,65	14,56	63,84	13	0	13,10	54,55	355
% de funcionários que deixaram a empresa em menos seis meses (*)	0	1,53	29,94	10	0	0,84	29,41	330

Índices	AFIA – Portugal				BMindex internacional			
Índice de absenteísmo (*)	0,05	0,34	21,81	12	0	3,00	16,00	342
Índice de acidentes de trabalho (*)	0,02	0,11	0,21	12	0	0	1,00	342

TABELA 6.3: INDICADORES DE SATISFAÇÃO DOS COLABORADORES
LEGENDA: (*) QUANTO MENOR, MELHOR É O DESEMPENHO DA EMPRESA.

A Tabela 6.4 mostra os índices de produção das amostras. Embora o valor das medianas nos dois primeiros indicadores da produção seja elevado, é importante salientar que esse setor trabalha com reduzido estoque (JIT), e que indicadores de desempenho perto de 100% devem ser perseguidos continuamente. O desperdício de mediana (4%) e superior (26%) são elevados para o setor automotivo, mas deve-se, no caso da amostra portuguesa, considerar as diferenças típicas dos subsetores. O mesmo deve ser considerado para os três últimos indicadores.

Índices	AFIA – Portugal				BMindex internacional			
Produtividade	inferior	mediana	superior	nº	Inferior	Mediana	superior	nº
% de cumprimento do plano de produção	60	86,85	100	10	60	90	100	165
Desempenho dos fornecedores %	18	80	99	7	60	90	99,50	174
Desperdício % (*)	0,01	4	26	10	0,08	1,50	10	179
% de retrabalho	0	3	5	8	0	1,78	10	133
Tempo médio de lançamento meses (*)	0	3	9	7	0	5	24	162
Tempo de setup em minutos (*)	11	120	270	9	5	60	360	177
Custo de material /estoques	3,40	12,22	31,40	3	0	24,87	89,75	202
Produtos acabados /estoques	2,77	16,38	53,37	8	0	22,54	90,00	202

TABELA 6.4: INDICADORES DE PRODUTIVIDADE
LEGENDA: (*) QUANTO MENOR, MELHOR É O DESEMPENHO DA EMPRESA.

6.2. Estudo de caso Xerox

A Xerox é um caso de sucesso de aplicação de benchmarking. Mais do que isso, ela se tornou a primeira empresa norte-americana a recuperar o *market share* dos competidores japoneses, sem ajuda ou proteção tarifária do governo (Giltlow, H. S. *et al.*; 1993). Em 1959, a Xerox introduziu a primeira copiadora de papel patenteada, criando uma nova indústria. Seu faturamento cresceu, desde então, continuamente, e foi de US$ 33 milhões em 1959, para US$ 176 milhões em 1963, passando para US$ 4 bilhões em 1975, e US$ 18 bilhões em 1990 (Giltlow, H. S. *et al.*; 1993). Em 1972, a empresa estava sendo ameaçada por produtos da concorrência e o seu mercado foi reduzido de 80% para 20%.

Em relação aos concorrentes, a Xerox apresentava as seguintes características (Zairi e Leonard, 1995):

- o dobro de trabalhadores indiretos;
- nove vezes mais fornecedores;
- rejeição de componentes na linha de montagem dez vezes maior;
- *time to market* duas vezes maior.

Em 1979, foi a primeira empresa a utilizar o benchmarking formal (descrito na Figura 3.2). Dois anos após, disseminou a ferramenta para todo o grupo. No ano de 1989, recebeu o cobiçado prêmio Malcolm Baldrige National Quality Award, tornando-se uma referência mundial.

A metodologia usada pela Xerox, de dez etapas, conhecida como o modelo de Camp, foi estruturada da maneira como passa-se a expor (Bhutta e Faizupasl, 1999; Camp, 1994).

a) **Planejamento**
> **Etapa 1: definir áreas e níveis de desempenho (o que?)**. Primeiramente, o foco do benchmarking foi no processo de fabricação de copiadoras com o objetivo de reduzir custos. Esse objetivo foi, mais tarde, ampliado para redução do tempo de desenvolvimento de produtos e aumento da qualidade dos pro-

dutos (satisfação de clientes). Nessa etapa, não são estabelecidos objetivos numéricos.

» **Etapa 2: identificar empresas parceiras.** O primeiro estudo foi realizado na *joint venture* japonesa Fuji-Xerox, caracterizando um benchmarking interno e de processo. Seguiu-se o estudo na Canon (competitivo), na Minolta e na Toyota (genérico), com foco em custos, qualidade e *design*.

» **Etapa 3: definir o método de coleta de dados e coletá-los.** Os estudos confirmaram que os preços praticados nos EUA eram superiores aos do Japão. Os custos japoneses passaram a ser alvo para a Xerox. O processo de benchmarking ainda estava na fase inicial. Os gerentes da planta da Xerox visitaram as filiais no Japão para observar "como" os japoneses estavam trabalhando no "chão de fábrica". A coleta de dados iniciou-se nesse momento. As funcionalidades e os desempenhos dos produtos concorrentes foram comparados, e os seus componentes analisados (Camp, 1994).

b) **Análise**

» **Etapa 4: identificar os *gaps* e as suas causas.** Com as informações coletadas na etapa anterior, foi possível identificar *gaps* existentes entre a Xerox e as empresas visitadas, gerando pontos fortes e fracos.

» **Etapa 5: projetar novos níveis de desempenho e ações.** Para os *gaps* identificados, foram estabelecidos índices de desempenhos futuros, e ações para os atingir.

c) **Integração**

» **Etapa 6: comunicar os resultados e obter concordância.** Foram comunicados os resultados dos estudos e as ações propostas. Todos os funcionários receberam treinamento básico e muitos em ferramentas avançadas de qualidade. Foram investidos mais de US$ 4 milhões em homens-horas e US$ 125 milhões em programas de treinamento. O benchmarking passou a ser estratégico e foi incorporado nos departamentos e nas filiais. Entre os treinamentos destacaram-se: benchmarking, MASP, PDCA, pesquisa de satisfação de clientes, ferramentas básicas para a qualidade, ferramentas estatísticas, estudos de capabilidade, entre outros.

» **Etapa 7: estabelecer alvos funcionais (metas).** Nessa etapa foram estabelecidas as metas quantitativas. A Xerox identificou que o custo de aquisição de componentes atingia 70% do custo unitário de produção. A empresa reduziu o número de seus fornecedores de 5.000 para 420 em 1980. Os produtos de 95% dos fornecedores alcançaram qualidade assegurada e não precisaram ser mais inspecionados. O custo de aquisição foi reduzido para 45%. O índice de defeitos (parte) por milhão (PPM) foi reduzido de 10.000 PPM para 225 PPM em 1999. Com a estabilidade dos processos, foi reduzido o número de inspetores de qualidade. De cada sete postos, seis foram deslocados para outras funções. O tempo de desenvolvimento de produto foi reduzido de 39 semanas (1980) para oito semanas (1998). Esses objetivos não foram estabelecidos ao mesmo tempo, mas fizeram parte de um processo de melhoria contínua de redução de custos. As equipes foram formadas em decorrência das ações.

d) Ação

» **Etapa 8: desenvolver planos de ação.** A Xerox desenvolveu planos de ações para operacionalizar os objetivos propostos. As ações resultaram na redução de custos, do *lead time* de desenvolvimento de produto e no aumento de qualidade das copiadoras.

» **Etapa 9: implementar ações e monitorar os resultados.** O plano de ação foi coordenado e continuamente monitorado para assegurar que os objetivos fossem alcançados.

» **Etapa 10: recalibrar as referências e realizar novas aplicações.** Depois do benchmarking com as empresas japonesas, a Xerox continuou a buscar por novos desafios. Ela buscou novos referenciais em empresas, como os apresentados na Figura 6.3 (Camp, 1994).

Empresa	Atuação	O que comparou?
L.L. Bean	Artigos esportivos	Armazenamento
General Eletric	Equipamentos e energia	Sistema de informação
Ford	Automóveis	Automatização da produção
City Corp.	Banco	Processamento de documentos
Federal Reserv	Banco	Escaneamento
Caterpillar	Máquinas e equipamentos	Engenharia de produtos
John Deere	Máquinas agrícolas	Logística de componentes de reposição

FIGURA 6.3: EMPRESAS PARCEIRAS DA XEROX PARA REALIZAR BENCHMARKING

Os resultados alcançados foram extraordinários e levaram a Xerox a estabelecer, em 1983, a estratégia "liderança do mercado através da qualidade". O programa foi baseado nestes três componentes principais: benchmarking, participação dos funcionários e qualidade. O benchmarking foi utilizado como ferramenta para obter a satisfação dos clientes. Os resultados levaram a empresa a ganhar outros dois prêmios de reconhecimento mundial: O Deming Prize (Japão/1980) e o European Quality Award (Europa/1992). No Brasil, a Xerox foi uma das pioneiras em programas dessa natureza e recebeu o Prêmio Nacional da Qualidade em 1993.

Bhutta e Faizupasl (1999) caracterizaram o benchmarking na Xerox como:

- benchmarking utilizado como ferramenta estratégica com objetivos determinados pela direção;
- benchmarking externo com parceiros e concorrentes;
- foco nos processos relacionados a custos;
- processo formal de comunicação dos resultados para toda a organização, possibilitando que todos possam tirar proveito das informações.

6.3. Panorama industrial das empresas cearenses através do SIMAP Boas Práticas

Esse caso de benchmarking descreve o desempenho médio de empresas cearenses nas práticas de gestão. Através da metodologia do SIMAP, apresentada no cap. 3, foi analisado e comparado o desempenho de 285 empresas de "pequeno (até 100), médio (101 a 400) e grande (401 ou mais)" porte. Nesta seção, são apresentados relatórios do panorama industrial cearense.

A Tabela 6.5 classifica as empresas cearenses, cadastradas no SIMAP, por cadeia produtiva e porte. Os dados foram coletados entre 2009 e 2012.

Cadeias Produtivas do CE – Siglas	Pequena	Média	Grande	Total
Asfalto – ASF	8	1	1	10
Biodiesel – BIO	2	2	1	5
Gás – GAS	3	2	1	6
Lubrificantes – LUB	6	1	1	8
Metal-mecânico – MM	31	15	10	56
Automotiva e componentes – AUT	18	7	10	35
Eletroeletrônico – EE	3	2	4	9
Calçado – CAL	0	1	3	4
Construção Civil – CC	31	12	6	49
Têxtil e Confecções – TC	8	12	10	30
Exportação e Importação – ExI	3	6	9	18
Cadeias Produtivas do CE – Siglas	Pequena	Média	Grande	Total
Refratários – REF	2	1	1	4
Alimentos e Bebidas – ALB	4	14	5	23
Petróleo e Gás – P&G	7	2	2	11
Tecnologia de Informação – TI	5	1	1	7
Eletromecânico – ELM	2	0	2	4
Saúde – SAU	1	0	0	1
Transporte – TRA	0	0	5	5
Total	134	79	72	285

TABELA 6.5: AMOSTRAGEM DO SIMAP DAS EMPRESAS CEARENSES

No total, foram realizados 285 cadastros de empresas que atuam em 18 cadeias produtivas. Observa-se que uma empresa pode atuar em mais de uma cadeia produtiva. As cadeias produtivas com mais empresas cadastradas foram metal-mecânico (56), construção civil (49), automotiva (35), têxtil e confecções (30) e alimentos e bebidas (23). Nesse panorama, as empresas foram analisadas por cadeias produtivas, pois os requisitos de desempenho para fornecimento à empresa líder são diferenciados.

A Figura 6.4 compara o desempenho médio por porte de empresa. Os critérios foram agrupados nos sete subsistemas (Anexo D): gestão integrada (GP01), gestão de produção (GP02), gestão de produtos (GP03), gestão estratégica (GP04), gestão de logística (GP05), gestão de recursos humanos (GP06) e gestão financeira (GP07).

Observa-se que o desempenho médio das grandes empresas está situado na faixa de 50 a 75%, o desempenho das empresas de porte médio está próximo de 50% e o desempenho das pequenas empresas oscila em torno dos 25%. A faixa dos 25% sinaliza um esforço em direção à formalização ou padronização dos processos. O desempenho geral de todas as empresas cearenses cadastradas no SIMAP é representado pela terceira linha (média geral) situando-se na faixa entre 25 e 50%.

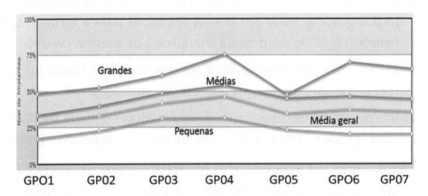

FIGURA 6.4: DESEMPENHO MÉDIO, POR PORTE DA EMPRESA, NO CEARÁ

Na Figura 6.5, estão representados os desempenhos nos critérios de C6 a C15, que formam o subsistema Gestão de Processos (GP02), conforme questionário no anexo D. Os valores para todos os 46 critérios do SIMAP, para a amostra da indústria cearense, estão representados na tabela 6.4.

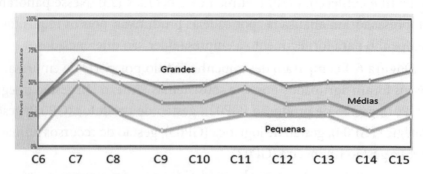

FIGURA 6.5: DESEMPENHO MÉDIO, POR PORTE DA EMPRESA, NO CRITÉRIO DE GESTÃO DE PROCESSOS

Analisando as Figuras 6.4 e 6.5 podemos afirmar:

- existe uma diferença expressiva no uso de boas práticas entre as pequenas empresas e as demais;
- o desempenho médio das empresas cearenses de pequeno porte indica que elas estão em fase de transição para a formalização e padronização do controle da qualidade e de seus processos;
- existem boas práticas no setor (ex. empresa benchmarking), mas elas não estão presentes na maioria das empresas;
- um programa de capacitação de fornecedores poderia transferir as "boas práticas" presentes no Estado, para as pequenas empresas.

O desempenho médio geral em cada um dos critérios do SIMAP (Anexo D), com base nos anos de 2010 a 2013, está representado na Tabela 6.6.

N°	Critério	Média %	N°	Critério	Média %	N°	Critério	Média
1	ISO 9001	42.2	17	CAD – CAE – CIM	39.42	33	Unitização	37.19
2	ISO 14001	21.51	18	Uso de Eng. Simultânea	30.18	34	Fluxo de Informação	28.06
3	5S	43.1	19	Lead Time de produtos	34.79	35	Fluxo Financeiro	35.46
4	SA 8000	14.79	20	Desenvolvimento de produtos	40.12	36	Transações comerciais	27.45
5	OSHAS 18000	19.15	21	Parcerias com Fornecedores e Clientes	52.01	37	Controle de armazém	30.65
6	Tempo de Setup	23	22	Planejamento estratégico	45.29	38	Sistema de Transportes	30
7	PCP	38.36	23	Estratégia de produção	43.89	39	Relacionamentos na cadeia de suprimento	37.76
8	CP e Cpk Capabilidade	25	24	Estilo de liderança	50.14	40	Plano de Treinamento	39.49
9	Custos da Qualidade	29.55	25	Uso do benchmarking	48.3	41	Descrição de cargos e competências	40.48
10	Controle de processos	38.15	26	Orientação ao cliente	46.45	42	Programas participativos	33.24
11	**Defeitos – PPM**	**30.81**	27	Uso de Indicadores	46.55	43	ERP Integrado	36.21
12	Manutenção	33.05	28	Controle de estoques	46.06	44	Custeio Direto	40.09
13	JIT	23.83	29	Rotatividade de estoques	46.58	45	Custeio ABC	30.67
14	Desenvolvimento de Fornecedores	36.56	30	Fluxo de materiais	29.47	46	Método de análise de investimento	37.57
15	Idade média dos equipamentos	56.98	31	Prestadores e operadores logísticos	32.49	-	**Média geral**	**36.66**
16	Domínio e uso de normas técnicas	56.65	32	Manuseio	38.68		------	

TABELA 6.6: DESEMPENHO DAS EMPRESAS CEARENSES NO SIMAP

O desempenho médio das empresas cearenses no critério 11, "Índice de defeitos em partes por milhão (PPM)", é 30,81%, ou seja, a quantidade de produtos "não conforme" produzidos é superior a 1% ou 10.000 PPM. Esse índice é muito superior aos requisitos de fornecimento para as empresas líderes locais, tais como: automotiva, linha branca ou P&G. Além disso, significa custos, com a má qualidade, superiores 10 a 20% do faturamento, como demonstram estudos acadêmicos.

As empresas apresentaram os seguintes desempenhos nos critérios 1 a 5: 42,2% para ISO 9001; 21,51% para ISO 14001; 43,10% para 5S; 14,79% para SA 8000 e 19,15% para OSHAS 18000. Esses dados evidenciam que existe, em média, um programa formal de padronização baseado na norma ISO 9001 e na metodologia 5S. Para as outras normas (ISO 14001, SA 8000 e OSHAS 18000), a maioria dos procedimentos é informal. É importante considerar que o atendimento de alguns dos requisitos dessas normas são requisitos legais e são exigidos pelo mercado. Um melhor desempenho nesses critérios para algumas cadeias produtivas é recomendável e considerado requisito de fornecimento.

O critério 8, "estudos de capabilidade", apresenta desempenho médio de 25%, o que significa que as empresas, em geral, têm processos instáveis e dificuldades de os controlar. Processos fora de controle prejudicam o desempenho de peças conformes e aumentam os custos de inspeção. Alguns setores industriais exigem desempenhos no critério "rejeição" inferiores a 1% ou 10.000 PPM, o que acarreta controles de processos mais eficientes do que os encontrados na amostra. Muitas empresas não atingem os objetivos de preços dos clientes potenciais, devido ao excesso de controle nos produtos (deveria ser no processo) e aos altos índices de rejeição.

No gráfico sequencial da Figura 6.6, observa-se o desempenho médio de algumas cadeias produtivas no Estado do Ceará. Na parte superior, destacam-se as cadeias de Alimentos e Bebidas (ALB) e Petróleo e Gás (P&G). Na parte inferior, destaca-se o desempenho médio das empresas da construção civil (CC). As cadeias produtivas: automotiva (AUT), metal-mecânico (MM) e têxtil e confecções (TC), estão em posição intermediária.

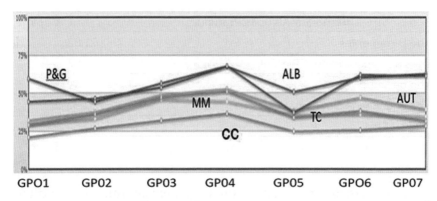

FIGURA 6.6: COMPARAÇÃO DAS MÉDIAS DAS CADEIAS PRODUTIVAS DO CEARÁ

O setor automotivo é muito competitivo e dinâmico. As exigências para fornecer a cadeia automotiva liderada por grandes montadoras são globalizadas e foram baseadas nas normas ISO/TS 16949. Observa-se que a empresa benchmarking, no Ceará, tem um desempenho muito superior à média das demais empresas da cadeia automotiva.

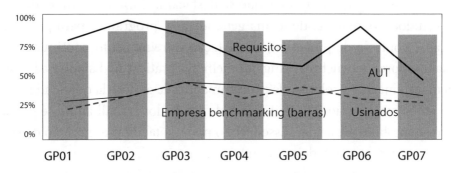

FIGURA 6.7: EMPRESA BENCHMARKING E DESEMPENHO MÉDIO DA CADEIA AUTOMOTIVA NO CEARÁ

O desempenho médio das empresas automotivas e de usinagem está aquém da maioria dos requisitos de empresas líderes, dificultando a inserção delas mesmas como fornecedoras nas cadeias locais de suprimentos local.

As diferenças nos critérios entre o desempenho (barras) e os requisitos do setor (linha pontilhada) são chamadas de *gaps*. Os cinco principais *gaps* encontrados nessa cadeia automotiva foram:

Critério SIMAP Boas Práticas	Gaps
Uso de Ferramentas JIT	71.82
Estudos de Capabilidade: CP e Cpk	71.67
Tempo de Setup	67.31
Uso de Engenharia Simultânea	63.33
Defeitos – PPM	62.5

TABELA 6.7: MAIORES GAPS DA CADEIA AUTOMOTIVA E COMPONENTES

De uma maneira geral, observou-se que existe uma grande diferença no uso de práticas entre as empresas de pequeno, médio e grande porte. O desempenho médio das empresas cearenses de pequeno porte indica que essas estão em fase de transição para a padronização do controle da qualidade e de seus processos. Os processos ainda instáveis geram custos excessivos de controle, retrabalho e sucata. O desempenho médio das pequenas empresas está aquém da maioria dos requisitos de suprimento das empresas líderes regionais ou nacionais, mas pode ser melhorado fazendo o benchmarking das empresas que se destacam. Entre as recomendações do estudo, propõem-se, de forma generalizada, programas para padronização e controle de processos, capacitação e treinamento continuado de colaboradores, o benchmarking das melhores práticas no Estado e a implementação maciça e coletiva de procedimentos de gestão da qualidade, gestão ambiental, gestão da segurança e da saúde dos trabalhadores e gestão de responsabilidade social. Esse último poderia facilitar a inserção de empresas cearenses nas cadeias de suprimentos vinculadas aos investimentos estruturantes que estão sendo realizados no Pecém. Todas as análises nesse panorama industrial são coletivas e apoiam ações de desenvolvimento endógeno, coletivo e cooperativo.

6.4. Desenvolvimento do SIMAP Competitivo

O SIMAP Competitivo foi desenvolvido com a proposta de complementar o SIMAP Boas Práticas, com métricas de indicadores quantitativos de resultados operacionais. Ele foi baseado e adaptado do BMindex ilustrado no cap. 3 e no primeiro estudo de caso do cap. 6. Os indicadores podem ser coletados por fontes secundárias, como demonstrativos de resultados publicados por empresas.

A determinação dos indicadores para uso no SIMAP Competitivo se deu a partir da análise dos indicadores usados em prêmios empresariais, nas revistas de grande publicação voltada ao meio empresarial e na consulta aos órgãos de apoio empresarial. A Figura 6.8 apresenta as fontes utilizadas para a definição dos indicadores, e suas fórmulas, utilizadas pelo SIMAP Competitivo.

Prêmios Empresariais	Revistas	Órgãos Empresariais
• Prêmio Delmiro Gouveia; • Prêmio MPE Brasil; • Prêmio Nacional da Qualidade	• Exame; • Valor Econômico; • Amanhã; • IstoÉ Dinheiro; • América Econômica (*on-line*)	• Núcleo de Tecnologia Industrial do Ceará (NUTEC); • Serviço Brasileiro de Apoio às Micro e Pequenas Empresas (SEBRAE); • Federação das Indústrias do Estado do Ceará (FIEC); • Organização das Cooperativas Brasileiras do Estado do Ceará (OCB/CE).

FIGURA 6.8: RELAÇÃO DAS FONTES UTILIZADAS PARA DETERMINAÇÃO DOS INDICADORES UTILIZADOS PELO SIMAP COMPETITIVO

Os indicadores utilizados por essas fontes foram catalogados, comparados em uma matriz e avaliados quanto à sua abrangência de comparabilidade e facilidade de obtenção de dados para a sua composição. Indicadores que poderiam ser comparados com maior número de empresas recebiam pontuação superior aos que poderiam ser comparados apenas regionalmente. Similarmente, indicadores que pudessem ser obtidos de fontes secundárias recebiam maior pontuação do que os indicadores obtidos apenas primariamente (consulta a empresa).

As maiores dificuldades para seleção dos indicadores para composição do SIMAP Competitivo se dão na similaridade das nomenclaturas ou nas fórmulas entre os indicadores. Alguns indicadores divergem entre literatura científica e revistas, ou mesmo entre revistas empresariais. Pode-se citar o caso do indicador "Rentabilidade" utilizado pela Revista Exame. Apenas após a comparação da explicação desse indicador pela revista, pode-se identificar que equivale a "Rentabilidade do Patrimônio Líquido". Em outro exemplo, o Prêmio Nacional da Inovação usa o termo "Margem de Lucro" para o indicador "Rentabilidade das Vendas".

O SIMAP Competitivo é composto de 35 indicadores, em sua maioria financeiros e/ou econômicos, visto que ainda são os mais utilizados por revistas empresariais quando se comparam resultados. Inclui também indicadores de produtividade, de processos e de inovação. Dos 35 indicadores, 20 têm alinhamento com o BMindex, sendo possível a comparação entre os dois modelos de benchmarking.

Utilizando a perspectiva BSC, pode-se utilizar o SIMAP Competitivo para responder às seguintes perguntas:

   a) perspectivas financeira: a empresa ganha dinheiro suficiente?

   b) perspectiva financeira: a empresa é estável financeiramente?

   c) perspectiva financeira: a empresa cresce?

   d) perspectiva de processos internos: a empresa é produtiva?

   e) perspectiva de processos internos: a empresa inova?

A Figura 6.9 exibe uma análise com alguns dos indicadores utilizados pelo SIMAP Competitivo. A coluna BI apresenta o indicador correspondente no BMindex.

#	BI	Perspectiva BSC	Pergunta	Indicador
I1	-	Financeira	A empresa ganha dinheiro suficiente?	Rentabilidade das Vendas (lucro líquido)
I2	1	Financeira	A empresa ganha dinheiro suficiente?	Rentabilidade das Vendas (lucro antes dos impostos e taxas)
I3	2	Financeira	A empresa ganha dinheiro suficiente?	Rentabilidade do Capital Investido (%) (do inglês ROCE)
I4	3	Financeira	A empresa ganha dinheiro suficiente?	Rentabilidade do Ativo Líquido (%) (do inglês RONA)

#	BI	Perspectiva BSC	Pergunta	Indicador
I5	4	Financeira	A empresa ganha dinheiro suficiente?	Rentabilidade do Ativo Total (%) (do inglês ROTA)
I6	6	Financeira	A empresa ganha dinheiro suficiente?	Custos de Recursos Humanos / faturamento (%)
I7	7	Financeira	A empresa ganha dinheiro suficiente?	Valor agregado / faturamento (%)
I8	-	Financeira	A empresa ganha dinheiro suficiente?	EBITDA
I9	-	Financeira	A empresa ganha dinheiro suficiente?	Margem EBITDA (%)
I10	-	Financeira	A empresa ganha dinheiro suficiente?	Rentabilidade do Patrimônio Líquido (%) (do inglês ROE)
I11	-	Financeira	A empresa ganha dinheiro suficiente?	Rentabilidade do Ativo (%) (do inglês ROA)
I12	8	Financeira	A empresa é estável financeiramente?	Liquidez Corrente
I13	9	Financeira	A empresa é estável financeiramente?	Índice de liquidez imediata (teste ácido) (%)
I14	10	Financeira	A empresa é estável financeiramente?	Prazo Médio de Pagamento (dias)
I15	11	Financeira	A empresa é estável financeiramente?	Prazo Médio de Recebimentos (dias)
I16	12	Financeira	A empresa é estável financeiramente?	Giro de capital de trabalho (*working capital turnover*)
I17	13	Financeira	A empresa é estável financeiramente?	Ativo líquido (caixa) / faturamento (%)
I18	14	Financeira	A empresa é estável financeiramente?	Cobertura de juros (EBIT sobre juros)
I19	-	Financeira	A empresa é estável financeiramente?	Cobertura de juros (EBITDA sobre juros)
I20	15	Financeira	A empresa é estável financeiramente?	Grau de Endividamento
I21	-	Financeira	A empresa é estável financeiramente?	Valor Ponderado de Grandeza
I22	-	Financeira	A empresa é estável financeiramente?	Endividamento geral (%)
I23	-	Financeira	A empresa é estável financeiramente?	Endividamento de longo prazo (%)
I24	-	Financeira	A empresa é estável financeiramente?	Capital de giro

#	BI	Perspectiva BSC	Pergunta	Indicador
I25	-	Financeira	A empresa é estável financeiramente?	Capital circulante líquido
I26	-	Financeira	A empresa é estável financeiramente?	Liquidez Geral (Exame)
I27	-	Financeira	A empresa cresce adequadamente?	Crescimento (ou variação) do EBITDA
I28	-	Financeira	A empresa cresce adequadamente?	Variação de lucro (%)
I29	20	Financeira	A empresa cresce adequadamente?	Aumento do lucro antes do imposto e taxas (%)
I30	21	Financeira	A empresa cresce adequadamente?	Crescimento das Vendas (%)
I31	22	Financeira	A empresa cresce adequadamente?	Aumento do custo de pessoal (%)
I32	17	Processos	A empresa é produtiva?	Lucro antes de Imposto por Empregado
I33	18	Processos	A empresa é produtiva?	Vendas e Prestação de Serviços por empregado
I34	19	Processos	A empresa é produtiva?	Valor Adicionado Bruto por empregado
I35	47	Processos	A empresa inova?	Exportação sobre faturamento (%)

FIGURA 6.9: INDICADORES DO SIMAP COMPETITIVO

Como exemplo, aplicou-se o SIMAP Competitivo para avaliar o desempenho das empresas de capital aberto com cotações da bolsa de valores. Esse trabalho foi elaborado pelo colega e pesquisador Marcos Charles Pinheiro.

Escolhida uma empresa fictícia a ser analisada, no caso a VRM Engenharia, obtiveram-se os quartis da amostra. Por definição, o quartil 1 (Q1) indica que 25% das empresas têm desempenho igual ou inferior ao valor; o quartil 2 (Q2), também chamado de mediana, indica que 50% das empresas têm desempenho igual ou inferior ao valor; o quartil (Q3) indica que 75% das empresas têm desempenho igual ou inferior ao valor.

Veja a Figura 6.8, que apresenta o desempenho das empresas pesquisadas. Perceba que o indicador I1 – Rentabilidade das Vendas –, apresenta valor Q1 igual a -119,7%, o que indica que 25% das empresas obtiveram rentabilidade igual ou inferior a -119,7%. Assim, podemos conferir que a empresa analisada, VRM Engenharia, obteve rentabilidade de 13,5% e teve desempenho superior a 75% das empresas da amostra.

Agora, é possível avaliar o desempenho das empresas comparando o seu desempenho em relação ao mercado em que atua. Nesse exemplo, coletamos o desempenho das empresas do setor de construção civil, com dados referentes ao ano de 2016, e analisamos cada quadro com suas respectivas respostas.

A partir da Figura 6.9, é possível conferir os indicadores que respondem se a empresa ganha adequadamente. Em oito dos 11 indicadores, a VRM Engenharia tem desempenho superior a 75% das empresas nesse mesmo período. A empresa analisada apresenta o melhor lucro antes dos impostos, lucros, depreciação e amortização (EBITDA). E, para finalizar a análise, apenas considerando o valor adicionado bruto em relação ao faturamento e os custos de pessoal em relação ao faturamento que o desempenho foi mediano.

		Empresa Analisada (VRM)	Mín.	Q1	Q2 (mediana)	Q3	Máx.
I1	Rentabilidade das Vendas (lucro líquido)	13,5	-2196,7	-119,7	-5,8	6,9	1941,6
I2	Rentabilidade das vendas (margem do lucro)	15,7	-2197,3	-110,3	-4,5	9,1	1947,3
I3	Rentabilidade do capital investido (patrimônio) ROCE	8,1	-84,1	-17,7	-5,0	4,2	71,3
I4	Retorno do ativo líquido - RONA (*return on net assets*)	6,3	-256,2	-13,1	-3,0	2,6	29,3
I5	Retorno do ativo total - ROTA (*return on total assets*)	5,4	-116,8	-12,3	-2,8	2,4	28,5

		Empresa Analisada (VRM)	Mín.	Q1	Q2 (mediana)	Q3	Máx.
I6	Custos de pessoal em percentual do faturamento	14,4	-58,4	8,5	**12,3**	22,3	65,7
I7	Valor agregado em percentual do faturamento	32,6	-293,6	7,3	**23,7**	33,1	425,3
I8	EBITDA	496405,0	-4533000,0	-279896,0	-24586,0	24963,5	**496405,0**
I9	Margem de EBITDA (%)	11,7	-1833,5	-95,7	-0,7	**10,4**	1351,9
I10	Retorno do Patrimônio Líquido - ROE (return on equity)	12,7	-110,4	-27,4	-12,9	**3,8**	26,3
I11	Retorno do Ativo (ROA)	4,7	-116,8	-16,6	-3,3	**1,7**	9,1

FIGURA 6.10: MINHA EMPRESA GANHA DINHEIRO SUFICIENTE?

Quanto aos indicadores que respondem se a empresa é estável, observa-se que a empresa tem um comportamento variável em relação às demais empresas. A empresa analisada apresenta desempenho maior do que 75% da amostra, em sete dos 15 indicadores. Em contrapartida, apresenta desempenho pouco superior a 25% das empresas em cinco indicadores, sendo que em três indicadores tem desempenho mediano.

		Empresa Analisada (VRM)	Mín.	Q1	Q2 (mediana)	Q3	Máx.
I12	Índice de liquidez corrente (current ratio)	2,5	0,5	**1,9**	2,6	3,5	13,7
I13	Índice de liquidez imediata ou seca (acid test)	1,4	0,3	0,8	**1,4**	2,0	13,7
I14	Prazo médio de pagamento em dias	40,2	6,4	20,0	**30,1**	69,6	157,1

		Empresa Analisada (VRM)	Mín.	Q1	Q2 (mediana)	Q3	Máx.
I15	Prazo médio de recebimento em dias	39,1	-2151,8	**70,5**	100,9	156,2	505,6
I16	Giro do capital de trabalho (*working capital turnover*)	0,9	0,0	0,3	0,5	**0,7**	2,8
I17	Ativo líquido em percentual do faturamento	41,5	-184,3	4,0	8,8	**23,1**	81,3
I18	Cobertura de Juros	-10,7	-30,5	**-1,4**	1,0	3,4	69,2
I19	EBITDA / juros	7,9	-81,3	-2,7	-0,5	**1,3**	28,1
I20	Percentual ou grau de endividamento	51,3	0,0	**44,9**	79,8	114,6	234,4
I21	Valor Ponderado de Grandeza	4.011.820,5	19.279,4	589.094,7	866.615,7	1.518.239,1	**4.011.820,5**
I22	Endividamento Geral (%)	52,3	6,0	36,8	**44,7**	58,1	142,5
I23	Endividamento de Longo Prazo (%)	30,2	2,3	12,7	22,2	**29,3**	36,8
I24	Capital de Giro	3.726.044,0	-1.417.275,0	448.420,0	998.210,0	**1.589.961,0**	4.868.831,0
I25	Capital Circulante Líquido	4.116.873,0	-2.437.919,0	295.815,5	751.944,0	**1.768.806,3**	4.834.383,0
I26	Liquidez Geral	1,2	0,4	**1,1**	1,6	1,8	10,2

FIGURA 6.11: MINHA EMPRESA É ESTÁVEL?

Agora, em relação ao crescimento da empresa entre os anos de 2015 e 2016, verifica-se um desempenho geral menor do que nas outras perguntas. Dentro do setor de construção civil de baixo crescimento, a empresa analisada não conseguiu ter crescimento em nenhum dos indicadores analisados. Comparadas a outras empresas, seu comportamento se concentrou entre a mediana e 75% melhores, mas pouco superior a 25% das demais, em relação ao crescimento do EBITDA.

		Empresa Analisada (VRM)	Mín.	Q1	Q2 (mediana)	Q3	Máx.
127	Crescimento EBITDA	-7,3	-748,0	**-110,7**	-55,6	11,1	164,1
128	Variação de Lucro (%)	-3,5	-1736,7	-212,6	**-65,0**	24,1	91,1
129	% de aumento do lucro antes do imposto	-4,3	-1517,2	-144,2	-65,1	**-26,0**	88,4
130	% de aumento do faturamento em relação ao ano anterior	-10,8	-116,0	-52,6	-33,8	**-22,3**	23,7
131	% de aumento do custo pessoal em relação ao ano anterior	-16,5	-48,9	-25,8	**-18,0**	-10,2	37,5

FIGURA 6.12: MINHA EMPRESA CRESCE?

A partir da Figura 6.12. o exemplo refere-se ao desempenho da produtividade e da inovação. Observa-se um desempenho inferior da VRM Engenharia. Quando se analisam o faturamento e o valor da empresa adicionados, em comparação com o número de funcionários, essa se posiciona entre as 25% piores empresas. Destaca-se que ela tem baixo valor agregado (I7), e que o seu desempenho piora quando se compara com o número de funcionários.

		Empresa Analisada (VRM)	Mín.	Q1	Q2 (mediana)	Q3	Máx.
132	Lucro (antes do imposto) / nº de funcionários	26.936,2	-6.124.343,9	-274.076,0	**-34.218,5**	27.126,4	119.818,2
133	Faturamento / nº de funcionários	171,2	**124,8**	188,3	234,0	485,8	3153,7
134	Valor adicionado/ agregado por funcionário	286.550,3	**213.832,9**	372.635,5	449.973,2	998.255,6	5.969.667,8
135	Exportação em percentual de faturamento	0,0	0,0	0,0	0,0	0,0	0,0

FIGURA 6.13: MINHA EMPRESA INOVA?

A descrição dos indicadores do SIMAP Competitivo, seus dados para composição e as fórmulas utilizadas estão nos Anexos E e F.

6.5. Benchmarking como impulsionador da melhoria organizacional: O Caso da INACE

A Indústria Naval do Ceará S.A. (INACE) está localizada na cidade de Fortaleza, Estado do Ceará. Ela é líder nacional na construção de iates de luxo e navios patrulha, e um dos maiores fornecedores de embarcações *offshore*. Essa indústria teve quase novecentas embarcações entregues, desde 1968, quando foi criada pelo economista Sr. Gil Bezerra. Ele continua à frente da gestão da empresa, juntamente com sua esposa, Dona Elisa, seus filhos e netos, constituindo o corpo diretivo da empresa. Atualmente, a INACE atende aos mercados nacional e internacional na produção e manutenção de embarcações. Tem entre seus principais clientes a Marinha do Brasil, e está entre as empresas mais tradicionais do Estado do Ceará.

Ao logo de sua história, a INACE expandiu e aprimorou suas instalações, e também inovou na concepção das embarcações e dos processos construtivos, podendo-se citar, como exemplo, seu pioneirismo no uso do alumínio na construção naval brasileira. Nesse sentido, em 1996, foi entregue o iate "Joana II" totalmente construído em alumínio, encomendado pelo campeão da Fórmula 1 e Fórmula Indy, Emerson Fittipaldi. Esse barco marcou o fim da era dos iates "de prateleira". Desde então, a INACE passou a construir iates somente sob encomenda.

Em 2011, a empresa viu a necessidade de dar um salto maior em sua competitividade e, dentre outras ações, resolveu utilizar o "Método Benchmarking Industrial".

6.5.1. Aplicação do Benchmarking Industrial

Conforme visto no cap. 3, esse método teve sua origem em 1993, com consultores da *London Business School* (LBS), em cooperação com um grupo de consultoria da IBM, que se uniram para responder à seguinte questão:

como estaria posicionada a indústria europeia em relação ao padrão classe mundial, em aspectos como: custo, qualidade, flexibilidade e atendimento ao cliente? Em 1994, foi criado o programa denominado *Made in Europe*, cujo objetivo era medir o nível de práticas classe mundial implantadas, e a performance operacional resultante da adoção dessas práticas em empresas industriais europeias.

A partir dessa iniciativa, outros países, como Suíça, Austrália, Bélgica, e, em um segundo momento, Brasil, Dinamarca, França, África do Sul, Suécia e Estados Unidos, se interessaram em participar do programa. Em cada um desses países foram criados programas coordenados por entidades locais, com o objetivo de comparar suas empresas com as líderes mundiais e posicionar a indústria em relação ao padrão classe mundial. Na Suíça, o projeto, iniciado em 1995, foi denominado *Made in Switzerland* e coordenado pelo *International Institute for Management Development* (IMD).

Em 1996, o Instituto Euvaldo Lodi, órgão do Sistema Federação das Indústrias de Santa Catarina (FIESC), estabeleceu uma cooperação internacional com o IMD para a transferência do método e do banco de dados do *Made in Europe*. Em 1997, o referido instituto lançou o projeto *Benchmarking Made in Brazil*. O *Benchmarking Industrial* conta com um significativo banco de dados com informações de indústrias de todo o mundo, com as quais a empresa que aplica o método será comparada. O IEL/CE, órgão da Federação das Indústrias do Estado do Ceará (FIEC), firmou parceria com o IEL/SC para aplicação da metodologia no Estado do Ceará, e coube ao IEL/CE aplicar o Benchmarking Industrial na INACE, nas unidades de Iates e Marinha e também nas unidades de *Offshore*.

Atendendo à etapa 1 da metodologia do Benchmarking Industrial, a INACE estruturou o "time de *benchmarking*", constituído por engenheiros, técnicos e gestores das áreas-chave da empresa, tais como projeto, produção e planejamento, que possuíam o conhecimento necessário para discutir o questionário de diagnóstico, sob a liderança de um de seus membros.

Na etapa 2, esse time recebeu orientações sobre o processo de benchmarking, quando foram informados os procedimentos e distribuídos os manuais de aplicação e o questionário. Ainda nessa etapa, foi feito o preenchimento do questionário, de forma individual pelos membros do time.

Na etapa 3, foi feita a reunião de consenso, conduzida pelo líder do time e sem a presença do facilitador externo do benchmarking. As respostas ao questionário, após o consenso do time, foram enviadas para o IEL/CE que, por meio do facilitador credenciado, fez a análise das respostas, a fim de verificar a sua consistência, em especial as notas muito altas ou muito baixas, ou eventuais incoerências nas respostas.

Na etapa 4, foi feita a visita do facilitador do benchmarking às instalações operacionais da INACE e, logo após, iniciou-se a reunião de consenso dos indicadores do questionário. Nessa reunião, o objetivo foi possibilitar as respostas que melhor representassem a realidade da empresa.

Após as respostas de consenso resultante da etapa 4, deu-se início à etapa 5, que foi o processamento dos resultados, realizado pelo IEL/SC. Esses resultados foram, então, apresentados pelo facilitador do IEL/CE para o corpo diretivo da INACE (etapa 6), quando foram destacados os pontos fortes e as oportunidades de melhoria identificadas. A INACE conheceu o resultado comparativo de suas práticas e performances com a amostra mundial de todas empresas presentes no banco de dados, com o setor de construção e manutenção de barcos e navios e, de forma mais específica, com as líderes desse setor, possibilitando, assim, um comparativo bastante desafiador para a empresa.

A partir desse resultado, a INACE constituiu uma equipe de gestores e colaboradores para, sob a orientação do facilitador do IEL/CE, elaborar o plano de ação (etapa 7), com base nos resultados obtidos do benchmarking, que evidenciaram as prioridades por meio da comparação com as empresas de referência que compunham o banco de dados, em termos das práticas e performances obtidas.

Com isso, a INACE passou a ter um importante instrumento para evoluir na gestão, em busca da excelência, e que abrangeu as áreas que constam no modelo representado na Figura 6.14.

FIGURA 6.14: ÁREAS DA INACE AVALIADAS PELO BENCHMARKING INDUSTRIAL
FONTE: IATA E FAVARIN, 2011

O resultado do Benchmarking Industrial possibilitou à INACE evidenciar seus pontos fortes, mas também oportunidades de melhoria em algumas áreas, que foram destacadas durante a reunião para elaboração do plano de ação (Figura 6.14), de forma participativa, utilizando a técnica Metaplan e o formulário A3. Esse último é uma das ferramentas do Sistema Toyota de Produção.

FIGURA 6.15: APRESENTAÇÃO FEITA PELOS COLABORADORES DOS TEMAS PRIORITÁRIOS PARA AÇÕES DE MELHORIA

No ano de 2012, algumas ações haviam sido empreendidas, e a INACE resolveu reaplicar o Benchmarking Industrial no segmento de *Offshore*, para avaliar os eventuais avanços obtidos. Embora seja recomendado um tempo maior para essa reaplicação, normalmente por volta de três anos, a empresa tinha pressa em avaliar seus resultados.

Adotando a mesma metodologia utilizada na primeira aplicação, essa segunda evidenciou alguns avanços em relação à de 2011, como nas práticas de meio ambiente, de saúde e segurança e de logística, mas a direção percebeu que era necessário um programa mais amplo para o aprimoramento da gestão, em função do ambiente competitivo em que atua.

6.5.2. O Processo de Planejamento Estratégico

A INACE optou, então, por atualizar seu planejamento estratégico e, para isso, contratou uma consultoria específica. A consultoria utilizou, para a construção do processo estratégico, a metodologia que está sumarizada na Figura 6.16, proposta por Fernandes e Berton (2012), e que utiliza a abordagem do *Balanced Scorecard* (BSC).

Com o plano estratégico, muitos pontos identificados como oportunidades de melhoria pelo Benchmarking Industrial puderam ser atendidos, possibilitando, assim, um avanço na gestão estratégica da INACE.

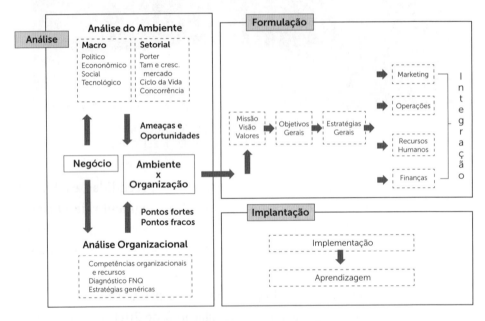

FIGURA 6.16: PROCESSO ESTRATÉGICO
FONTE: FERNANDES E BERTON, 2012

O time da empresa elaborou a matriz SWOT (*Strengths, Weaknesses, Opportunities* e *Threats* – Forças, Fraquezas, Oportunidades e Ameaças), consolidando a análise dos ambientes externos e internos e propiciando a elaboração da formulação estratégica. Um dos resultados do planejamento estratégico foi a atualização da missão, visão e valores organizacionais, que passaram a ser:

- **missão:** suprir o mercado com soluções navais de qualidade, com segurança, flexibilidade e responsabilidade socioambiental, por meio do comprometimento dos colaboradores, garantindo confiabilidade e respeito ao cliente;
- **visão:** ser referência no mercado mundial como excelência em soluções navais;
- **valores:**
  - » **flexibilidade:** somos capazes de nos adaptarmos às necessidades do mercado e dos clientes;
  - » **fidelidade:** somos leais, confiáveis, honestos e verdadeiros.
  - » **comprometimento:** temos compromisso com aquilo que assumimos;
  - » **amor ao trabalho:** gostamos do que fazemos. Valorização do ser humano: valorizamos e respeitamos as pessoas, investindo continuamente nas mesmas, dando oportunidade para que alcancem seus ideais profissionais, pessoais e intelectuais;
  - » **meritocracia:** reconhecemos as pessoas por seus resultados;
  - » **ética:** atuamos com transparência nas decisões, agindo com integridade e responsabilidade;
  - » **melhoria contínua:** buscamos melhorar continuamente os métodos e processos para alcance dos objetivos organizacionais;
  - » **respeito socioambiental:** realizamos ações de forma sustentável para os colaboradores e comunidade.

Foi também construído o mapa estratégico, dentro das perspectivas do BSC. (Figura 6.17).

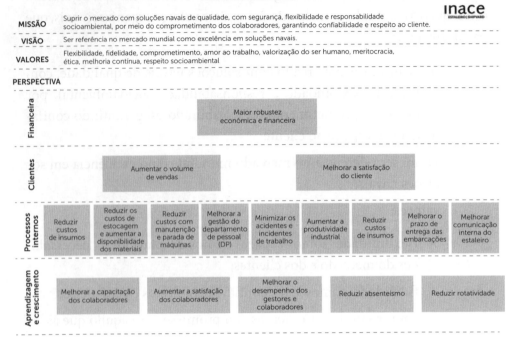

FIGURA 6.17: VISÃO GERAL DO MAPA ESTRATÉGICO DA INACE (COM ADAPTAÇÕES)

O planejamento estratégico participativo propiciou propostas de melhorias na gestão em todas as áreas da INACE, abrangendo as perspectivas do BSC, que ensejaram a elaboração dos planos de ação. Algumas dessas ações estão aqui relacionadas:

- aprimoramento das ações para redução dos custos;
- aprimoramento da gestão contábil-financeira, por meio do estabelecimento de procedimentos documentados;
- melhoria no nível de escolaridade dos funcionários e de sua satisfação, incluindo um programa de *endomarketing*;
- atualização do site da empresa;
- aprimoramento do setor de reparos de embarcações;

- melhor aproveitamento do corte de chapas, objetivando a redução dos custos;
- monitoramento do custo dos fretes nacional e internacional;
- aprimorar o apontamento da produção para incrementar a produtividade e a eficiência;
- monitoramento mais detalhado, pelo PCP, do andamento das obras;
- ações para redução do consumo de energia elétrica e de geração de resíduos;
- acompanhamento, por meio de indicadores, dos aspectos de segurança do trabalho, e ações para garantir níveis de segurança cada vez melhores;
- ações para redução do material em estoque;
- incremento da divulgação da INACE no mercado, para favorecer a geração de novos negócios.

A equipe elaborou o painel BSC da INACE, que contemplava os seguintes parâmetros para cada uma das perspectivas: objetivos estratégicos; indicadores, com valores atuais e metas; estratégias e responsáveis. Foram construídos planos de ação para cada estratégia e, nas reuniões mensais do time de melhoria, que era constituído pela direção da empresa e por pessoas que exerciam atividades estratégicas, os responsáveis pelos planos de ação apresentavam a sua evolução. Nessa etapa de implementação das estratégias, foi necessária uma ampla discussão sobre o novo desenho da estrutura organizacional da empresa e respectivas atribuições das áreas, no sentido de clarificar mais os papéis de cada unidade organizacional e o processo decisório.

Passou a ser enfatizada uma visão por processos, e foram desenhados os macrofluxos. Foi utilizada a metodologia SIPOC (*Supllier, Input, Process, Output, Customer*) para melhor clarificar o relacionamento entre as áreas, dentro da abordagem de fornecedores e clientes internos e externos. A Figura 6.18 mostra parte de um dos SIPOCs que foi elaborado.

(3700) Serviços de Apoio Industrial				
	**Missão:** Gerenciar com eficiência os recursos técnicos, físicos, humanos e patrimoniais disponíveis para dar apoio à produção, mantendo-os em condições de funcionamento e prontos para operar.	
Fornecedor	Entradas	Macroprocesso	Produto	Cliente
10. (3700) Serviço de apoio industrial **11.** (3000) Área de Produção	1.1 Ordem de serviço de manutenção emitida 2.1 Ordem de serviço de transporte	Acompanhar e controlar a execução das atividades realizadas	Ordens de serviços realizadas e apontadas Movimentação de carga realizada com ordem de serviço apontada	(3700) Serviço de apoio industrial

FIGURA 6.18: VISÃO PARCIAL DO SIPOC DA UNIDADE DE SERVIÇOS DE APOIO INDUSTRIAL

Ainda dentro da visão por processos, a INACE criou e atualizou os procedimentos existentes, no sentido de aprimorar a padronização dos seus processos. Parte de um desses procedimentos está demonstrada na Figura 6.19.

	SISTEMA DE PRODUÇÃO
PROCESSO: Verificar Necessidade de Aquisição de Materiais Específicos	**ID PROC**
	**RESPONSÁVEL:** (3100) Programação e Controle da Produção
	**DIVISÕES**: (1300) Programação e Orçamentação
	(2200) Engenharia do Produto
	(2201) Coordenadores de Projeto
	(2400) Suprimentos
	(2430) Controle de Estoque
	(3200) Projeto de Construção

PROCEDIMENTOS

O QUE	COMO	QUEM	DOCUMENTO
Consultar lista de consumo dos planos de projeto	Realizar uma consulta da lista de consumo que está presente no plano de projeto e também disponibilizada em Excel. Esse plano será disponibilizado pelo (2201) de cada embarcação na pasta de acompanhamento da rede.	Coordenador de PCP	Plano de projeto (PDF) Pasta de acompanhamento da rede. Lista de consumo (Excel)
Verificar estoque (aquisição)	Realizar uma consulta no sistema ERP, que será atualizado pelo centro de produção (2430) para verificar se existe material disponível em estoque (em alguns casos é necessário verificar "in loco").	Coordenador de PCP	Lista de consumo de aquisição (Excel) Sistema ERP
Enviar lista de consumo de aquisição	Enviar Lista de Consumo de aquisição para o setor responsável (2200).	Coordenador de PCP	Lista de consumo de aquisição (Excel)

	Realizar consulta na planilha de status de suprimentos que será disponibilizada pelo setor responsável (2200) e realizar uma consulta no sistema ERP, que será atualizado pelo centro de produção (2430), para verificar se existe material disponível em estoque (em alguns casos é necessário verificar "in loco").		
Verificar estoque (Programação)		Coordenador de PCP	Programação semanal Planilha de suprimentos Sistema ERP

Observações Gerais:

Específicos: itens que são característicos da embarcação, tais como redes, chapas, tubos etc.

A lista de consumo deverá conter descrição, quantidade, código de referência do sistema.

Aprovado por:

FIGURA 6.19: DESCRIÇÃO PARCIAL DE UM PROCEDIMENTO ELABORADO PELA INACE

A adoção do BSC levou a INACE a estabelecer indicadores de desempenho nas diversas perspectivas da empresa, tornando possível que a avaliação da gestão fosse realizada de uma forma mais objetiva, uma vez que eles passaram a ser monitorados e apresentados nas reuniões mensais pelos responsáveis pertinentes. Nessas reuniões eram apresentadas, de forma muito objetiva, as evoluções dos indicadores e dos planos de ação, conforme Figura 6.20.

Em função da importância da manutenção das melhorias e do aprimoramento, foi designado um profissional para gerir a melhoria da gestão na empresa, dedicando-se integralmente a essa função estratégica.

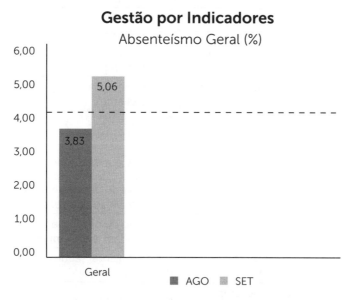

FIGURA 6.20: GESTÃO POR INDICADORES

6.5.3. Impactos das melhorias da gestão nas áreas do Modelo do Benchmarking Industrial

Em virtude da sua abrangência, a administração estratégica adotada pela INACE possibilitou avanços em toda organização. As áreas e indicadores do Benchmarking Industrial, adotado pela INACE, que mais se beneficiaram constam na Tabela 6.8.

Ação de melhoria adotada	Área e indicador do BMK impactado positivamente
Estabelecimento da missão e visão estratégicas, com abordagem do Balanced Scorecard (BSC)	Organização e cultura: 1. Visão de futuro; 2. Compartilhamento da visão, missão e metas; 3. Estratégia de produção
Mapeamento dos processos com envolvimento das equipes das diversas áreas	Organização e cultura: 4. Envolvimento dos colaboradores
Estabelecimento de indicadores e metas para gestão de pessoas (BSC)	Organização e cultura: 5. Desenvolvimento de pessoal
Implantação da pesquisa de satisfação do cliente	Organização e cultura: 6. Orientação para o cliente
Implantação de indicadores para monitoramento do prazo de entrega	Qualidade: 15. Percentual de entrega dentro do prazo para o cliente
Aprimoramento do processo de manutenção	Fábrica e equipamento: 21. Manutenção
Aperfeiçoamento do planejamento e controle dos estoques	Avaliação do desempenho da empresa: 29. Rotatividade dos estoques
Implantação do BSC	Avaliação do desempenho da empresa: 33. Medidas de desempenho
Planejamento e monitoramento do aproveitamento do corte das chapas	Meio ambiente, saúde e segurança: 37. Resíduos
Adoção de indicadores de desempenho para monitoramento da gestão de pessoas	Meio ambiente, saúde e segurança: 39. Faltas por doenças

TABELA 6.8: AÇÕES DE MELHORIA (ALBERTIN, ELIAS E ARAGÃO JR.)

Embora a INACE tenha obtido avanços, assim como qualquer organização, é fundamental manter e melhorar os aprimoramentos na gestão, em função dos permanentes desafios que o ambiente competitivo exige e, para isso, o benchmarking possibilita uma avaliação objetiva da posição em que a empresa se encontra, auxiliando na priorização das suas ações estratégicas.

>> Capítulo 7
Considerações Finais

O ser humano sempre se comparou com os seus. Henry Ford desenvolveu a produção seriada, baseada no processo de corte de carnes em um abatedouro, observando como as carcaças penduradas em ganchos eram transportadas de um posto de trabalho para outro, em sequência. Mais tarde, Toyoda Kiichiro observou o método de reposição em supermercados norte- americanos, para desenvolver o sistema Kanban de reposição do Sistema Toyota de Produção.

Para comparar, é necessário o *"benchmark"*, ou seja, a referência ou o padrão a ser medido. A medição é feita através de uma escala ou métrica pré-estabelecida. O método para comparar práticas e performances empresariais, com o objetivo de melhorar processos e produtos, foi desenvolvido por Robert C. Camp, em 1979, na empresa Xerox Company. O então presidente da empresa, Charles Christ, definiu benchmarking como o processo contínuo de medição de produtos, serviços ou práticas gerenciais, comparativamente aos melhores concorrentes ou empresas consideradas líderes. Camp ressalta a importância do uso continuado do método, definindo benchmarking como a busca pelas melhores práticas industriais que levam à liderança empresarial. O benchmarking informal tornou-se uma ferramenta gerencial.

Desde a sua implementação na Xerox, o uso do benchmarking tem evoluído continuamente, tornando-se uma das ferramentas mais importantes de gestão empresarial. Através do benchmarking, é possível comparar produtos, processos, práticas utilizadas e os resultados alcançados. Este livro objetivou descrever, exemplificar e divulgar o uso dessa ferramenta. Para as empresas brasileiras significa disponibilizar um recurso ainda pouco utilizado. Através do benchmarking, a direção das empresas tem à disposição um retrato de suas forças, fraquezas e de seus principais *gaps*. Dessa maneira, pode priorizar ações de melhorias para alcançar os objetivos estratégicos estabelecidos. Para apoiar o crescimento econômico do nosso país, é importante que as PMEs estejam em condições de competir globalmente e a habilidade de se comparar com competidores nacionais e internacionais é fundamental, podendo ser apoiada por "centros de benchmarking". Os estudos de benchmarking proporcionam o aprendizado com as experiências de outras empresas. O objetivo não é a cópia simplesmente, mas o entendimento dos processos para saber como e por que melhorar. Nesse sentido, destaca-se o benchlearning, em que o foco deixa de ser aprender dos outros para aprender com os outros. Alguns princípios como da legalidade, troca de informações, confidencialidade, entre outros, garantem a ética no processo de benchmarking.

Existem vários tipos de benchmarking. Pode-se comparar produtos, processos e estratégias, através de parâmetros como práticas e desempenhos, ou ainda, índices numéricos. É possível, também, comparar empresas, setores econômicos, cidades e até regiões e blocos econômicos. Quanto ao parceiro, o benchmarking pode ser realizado internamente, na empresa ou no grupo empresarial, ou externamente, comparando com empresas concorrentes ou não, de diferentes setores. A escolha de empresas parceiras deve seguir critérios estabelecidos como reputação e abertura para projetos dessa natureza. Muitas vezes uma empresa mediadora, sindicato patronal ou centro de benchmarking presta esse serviço.

O processo de benchmarking deve ser simples, sistemático e utilizar o bom senso. Ele é estabelecido em etapas na forma do PDCA, enfatizando o seu planejamento e a sua continuidade. O método clássico de cinco fases, ou roda do benchmarking, inicia pela determinação do objetivo e objeto do benchmarking, seguido pela formação da equipe de trabalho. Após, são identificadas as empresas parceiras e, então, são realizadas a coleta e a análise de dados internos e externos. O método é finalizado com a adaptação das práticas na empresa. Um típico método de benchmarking consiste

análise de dados, elaboração do plano de ação e a sua implementação e avaliação. No planejamento, definem-se os objetivos estratégicos, o objeto do benchmarking e as suas métricas, ou seja, é estabelecido "o que, como e por que" será comparado. A equipe de benchmarking deve ser representativa, multidisciplinar e treinada adequadamente. Na etapa de coleta de informações, os processos internos são mapeados e comparados com os de empresas parceiras. Entre os métodos de coleta de dados destacam-se entrevistas, questionários, reuniões de trabalho e visitas locais. Após a coleta das informações, é realizada a análise dos resultados pela equipe de benchmarking. As informações devem ser sistematizadas e organizadas. Logo após, é necessário comparar as diferentes atividades, utilizando as métricas definidas na etapa de planejamento. Os dados devem ser interpretados cuidadosamente, e recomenda-se realizar um estudo de correlação ou causa-efeito para determinar as melhores práticas a serem implementadas. É importante, ainda, identificar as áreas de melhoria e a projeção de níveis futuros de desempenho.

As ações devem ser amplamente discutidas com as partes interessadas para buscar o seu comprometimento. Na elaboração do plano de ação, são priorizadas as ações consideradas mais importantes sobre o ponto de vista estratégico e de ganhos potenciais. Deve-se planejar como serão implementadas as soluções, as melhorias propostas e as respectivas metas. As ações devem ser implementadas por responsáveis definidos no plano de ação dentro dos respectivos prazos. Deve ser monitorada e avaliada a eficácia de cada ação. Como o processo é contínuo, recomenda-se relatar as "lições aprendidas" para que se possa ter maiores benefícios na sua repetição. Os métodos variam de acordo com os objetivos e tipos de benchmarking. Um processo típico de benchmarking dura entre 4 e 6 meses e envolve uma equipe de trabalho entre 6 e 8 pessoas.

Alguns modelos de benchmarking utilizam indicadores pré-definidos em questionários, configurando um banco de dados. Esses modelos foram desenvolvidos principalmente para PMEs e possibilitam relatórios comparativos por país, atividade, número de funcionários, entre outros. Após a inserção dos dados de uma empresa, geram-se relatórios possi-

grupo estratificado. Com exceção da empresa estudada, as demais não são identificadas individualmente. Destacam-se os modelos PROBE, BMindex, SIMAP e GEO. O PROBE aplicado à indústria foi desenvolvido com variáveis qualitativas categóricas, caracterizando 54 questões de práticas e performance em uma escala Likert de 1 a 5. As questões representam áreas tradicionais como: sistema da qualidade, engenharia simultânea, produção enxuta, sistema de produção, logística, organização e cultura, e áreas desafiadoras como: inovação, sustentabilidade, uso eficiente de recursos e economia digital. No Brasil, esse modelo é representado pelo IEL/SC. O modelo BMindex possui indicadores qualitativos discretos, baseados nos prêmios da qualidade e quantitativos com dados financeiros e de gestão. Esses últimos geram variáveis quantitativas contínuas com 66 índices. Os indicadores financeiros são relativos a rentabilidade, gestão financeira, produtividade, crescimento e investimento. Os indicadores de gestão medem a satisfação de clientes e dos funcionários, a inovação, a produção e os fornecedores. O terceiro modelo, SIMAP Boas Práticas, permite a visualização de *gaps,* por cadeia produtiva, relacionados ao uso de práticas e indicadores de desempenho empresariais. O questionário eletrônico está agrupado em sete subsistemas com 46 critérios. Cada critério tem uma métrica crescente de desempenho adaptada da escala Likert de cinco níveis, caracterizando dados qualitativos categorizados e que representam as práticas de excelência dos "Prêmios da Qualidade", os requisitos específicos das normas ISO/TS 16949 e as ferramentas do "Sistema Toyota de Produção". O modelo GEO premia anualmente a "Fábrica do ano" através de um questionário com 102 questões do tipo descritivas e quantitativas. Esse é considerado um bom teste para avaliação industrial. Por último, o caso INACE exemplifica uma aplicação industrial e estratégica.

Os modelos apresentados têm características próprias e possibilitam que uma empresa possa analisar, de fato, onde ela está e, assim, determinar o caminho a ser percorrido. Nesse momento, começa a busca pela liderança, uma etapa importante do benchmarking. Todo o processo pode ser menos trabalhoso para uma empresa que utiliza o apoio de empresas de consultoria ou centros de benchmarking. Os centros de benchmarking foram criados em vários países para atender à crescente demanda por projetos nacionais e internacionais. Eles facilitam a realização do benchmarking, intermediando empresas, buscando parceiros, capacitando as equipes de trabalho e apoiando na elaboração do plano de ação. No Brasil, os centros de benchmarking poderiam exercer um papel importante no desenvolvimento competitivo de PMEs.

Para que a implementação do benchmarking seja eficaz, ela deve atender às características específicas de cada empresa. Entre os fatores de sucesso na realização de um benchmarking, citam-se o comprometimento da direção, o ambiente propício para mudanças e melhorias, a capacidade de trocar informações e de seguir a metodologia planejada, e o foco nas melhores práticas e empresas líderes. Camp (1994) recomenda iniciar pelas práticas e depois desenvolver as métricas. As métricas identificam as lacunas, mas sozinhas não permitem identificar as causas de desempenhos inferiores.

O benchmarking requer um método para atingir os objetivos estabelecidos e implica relacionamentos entre empresas. Para que as trocas de informações ocorram de forma ética e legal, é necessário um código de conduta entre as partes parceiras. Assim, o benchmarking deixará de ser associado a uma cópia não autorizada. Felizmente esse conceito tem mudado no Brasil e muitos empresários estão obtendo proveito dessa ferramenta de forma metodológica, legal e ética. Entre os princípios de um benchmarking ético, destacam-se o princípio da legalidade, da troca de informações e da confidencialidade do contato. Evita-se o uso não autorizado e a divulgação de informações a terceiros, baseando-se na reciprocidade.

Finalmente, com este livro esperamos contribuir para que o benchmarking possa ser utilizado com maior frequência, de forma metodológica, ética e eficaz para proveito da competitividade de empresas brasileiras.

>> Referencial

AHMED, P. K., & RAFIQ, M. **Integrated benchmarking:** a holistic examination of select techniques for benchmarking analysis. Benchmarking: An International Journal, 5(3), 225-242, 1998.

ALBERTIN, M. R. **O processo de governança em arranjos produtivos: O caso da cadeia automotiva do RGS.** Porto Alegre. UFGRS, Tese de doutorado, 2003.

ALBERTIN, M.; TELLES, B.; ARAGÃO, D.P. **Methodology for monitoring of productive arrangements.** Dynamics in Logistics: Second International Conference, LDIC 2009. Bremen: Springer, 2010.

ALBERTIN, M. R.; ARAGÃO JR., D.P. **Industrie Management. Benchmarking- und Monitoring system zur Abbildung der Leistungen brasilianischer Unternehmen.** Bremen. 2011. ISSN 1434-1980.

AMERICAN PRODUCTIVITY AND QUALITY CENTER (APQC). **The benchmarking management guide.** Productivity Press, Portland, 1993.

AMERICAN PRODUCTIVITY AND QUALITY CENTER (APQC). **Benchmarking code of conduct**: guidelines and ethis for benchmarkers. Disponível no www.apqp.org/code_of_conduct.pdf. 2012.

ANDRADE, D. F., TAVARES, H. R. e VALLE, R. C. **Teoria de Resposta ao Item:** conceitos e aplicações. 14º SINAPE, ABE – Associação Brasileira de Estatística. São Paulo, 2000.

ASSOCIAÇÃO BRASILEIRA DE NORMAS TÉCNICAS (ABNT). **NBR ISO 9000:** Sistemas de gestão da qualidade: fundamentos e vocabulário. Rio de Janeiro, 2005.

ASSOCIAÇÃO DE FABRICANTES PARA INDÚSTRIA AUTOMÓVEL (AFIA). **Benchmarking na Indústria de componentes para automóveis.** Autor: Ferreira, A. Disponível em www.afia-afia.pt, 2006.

ATKEARNEY. **Die Fabrik des Jahres.** Global Excellence in Operation. 2003. Disponível em <http://www.atkearney.com>. Acesso em 6.2013.

BHUTTA, K. S., FAIZUL, H. **Benchmarking - best practices:** an integrated approach. Benchmarking: An International Journal, Vol 6 N 3, 1999 pp. 254-268.

CAMP, R. C. Benchmarking: **The Search for Industrial Best Practices that Lead to Superior Performance**. Quality Resources and ASQC Quality Press, New York, NY. Milwaukee, WI, 1989.

CAMP, R. C. **Benchmarking.** Hanser, München, 1994.

COLLINS, R., CORDÓN, C., JULIEN, D. **Lessons from the "Made in Switzerland" Study:** What Makes a World-class Manufacturer? European Management Journal, Vol. 14, N. 6, 1996.

FERNANDES, Bruno Henrique Rocha; BERTON, Luiz Hamilton. Administração estratégica: da competência empreendedora à avaliação de desempenho. 2ª ed. São Paulo: Saraiva, 2012.

GITLOW, H. S., LOREDO, E. N. Total Quality Management at Xerox: A case study, Quality Engineering, 1993.

GLOBAL BENCHMARKING NETWORK (GBN). **Global Survey on Business Improvement and Benchmarking**: Key Findings and Implications. MANN, R.S.; ABBAS, A.; KOHL, H.; ORTH, R., GÖRMER, M. 2010.

GLOBAL BENCHMARKING NETWORK (GBN). **Benchmarking Code of Conduct.** GBN. Acessível no site: http://www.globalbenchmarking.org. 2012. Obtido em 12.03.2013.

HON, K. K. B. **Performance and Evaluation of Manufacturing Systems.** Department of Engineering. University of Liverpool. UK, 2006.

INFORMATIOSZENTRUM FÜR BENCHMARKING (IZB). **Benchmarkingbericht für kleine und mittlere Unternehmen**. Berlin: Informatioszentrum für Benchmarking. Kolh, H.; Görmer, M. Berlin. 2008.

INSTITUTO EUVALDO LODI (IELa). **Benchmarking Made in BRAZIL**: A busca pela CLASSE MUNDIAL. Santa Catarina: Instituto Euvaldo Lodi. Apresentação em slides. 2005.

INSTITUTO EUVALDO LODI (IELb). **Manual de Treinamento Teórico Benchmarking Industrial.** Santa Catarina: Instituto Euvaldo Lodi. C. Iata. 2005.

INSTITUTO EUVALDO LODI (IELc). **Manual de Treinamento Teórico Benchstar.** Santa Catarina: Instituto Euvaldo Lodi. F. P. Lopes, 2005.

JOHNSON, W. H. A. **Roles, resources and benefits of intermediate organizations supporting triple helix collaborative R&D: The case of Precarn**. Technovation 28 p. 495-505, 2008.

JOHNSON, A; CHEN, W.C.; MCGINNIS & LEON F. **Large-scale Internet benchmarking: Technology and application in warehousing operations**. Computers in Industry Vol. 61, p. 280-286, 2010.

KELESSEDIS, V. **Benchmarking.** Inno Regio Project. Thessaloniki Technology Park. Grecia. 2000.

KYRÖ, P. **Revising the concept and forms of benchmarking.** Benchmarking: An International Journal, 10(3), 210-225. 2003.

KOHL, H. **Integrietes Benchmarking für kleine und mittlere Unternehmen:** Eine Methode zur integration von Best Practice-Informationen in das interne Unternehmenscontrolling. Berlin: Fraunhofer IRB Verlag. ISBN 978-3-816774396. 2007.

LAI, M.-C., HUANG, H.-C., & WANG, W.-K. **Designing a knowledge--based system for benchmarking: A DEA approach.** Knowledge-Based Systems, (February).2011.

LEHTINEN. J.; AHOLA, T. **"Is performance measurement suitable for an extended enterprise?"** *International Journal of Operations & Production Management*, vol. 30, 2010, pp. 181-204.

MERTINS, K.; SIEBERT, G.; KEMPF, S. **Benchmaking.** Praxis in deutschen Unternehmen. Springer-Verlag Berlin Heidelberg new York. ISBN 3-540-58685-7.1995.

MERTINS, K.; KOHL, H. Benchmaking 1999. **Third European Company Benchmarking Workshop.** Improve Competitiveness og Private and Public Companies. Berlin: IPK Eigenverlag, 1999. ISBN 3-8167-5275-6.

MERTINS, K.; KOHL, H.; GÖRMER, M. **Benchmaking 2005.** Best Practice: Lösung für den Mittelstand. Berlin: IPK Eigenverlag, 2005. ISBN 3-8167-6941-1.2005.

MERTINS, K.; KOHL, H. **Benchmaking – der Vergleich mit den Besten.** In: K. Mertins, H. Kohl (Hrsg.). Benchmarking: Leitfaden für den Vergleich mit den Besten. Düsseldorf. Symposium Publishing GmbH. 2. Auflage, 2009.

MORETTIN, P.A.; BUSSAB, W.O. **Estatística básica.** Editora Saraiva, São Paulo, 2002.

PROBE. **Probe for Manufacturing.** Comparison International. Obtido em: www.comparisonintl.com/pdf/probe-manufacturing.pdf. Acesso em 09. 2012. United Kingdom, 2008

PEREIRA, J. C. R. **Análise de dados qualitativos.** Estratégias metodológicas para as ciências da saúde, humanas e sociais. Editora da Universidade de São Paulo, São Paulo, 1999.

REISE, S. P.; AINSWORTH, A. T.; HAVILAND, M. G. **Item Response Theory Fundamental, Aplications and Promise in Psychological Research.** Current Dirrections in Psychological Science. Vol. 14 n.2, p. 95-102, 2005.

RIBEIRO, L. M. M. **Aplicação do benchmarking na indústria de manufactura:** Desenvolvimento de uma metodologia para empresas de fundição. Tese de Doutorado submetida no Departamento de Engenharia Metalúrgica e de Materiais. Porto: Universidade do Porto. 2004.

ROHLFER, S. **Benchmarking concepts in the UK and Germany:** Between Standardisation and Local Variation?. Warwick papers in industrial relations number 69. UK. 2002.

SAMOHYL, R. **Controle Estatístico da Qualidade.** Rio de Janeiro. Elsevier, 2009.

SANTOS, C. **Estatística descritiva:** Manual de autoaprendizagem. Lisboa, Edições Sílabo, 2007.

SHEPHERD, C. **Measuring supply chain performance: current research and future directions.** *International Journal of Productivity and Performance Management*, 2005.

SPENDOLINI, M. J. **The Benchmarking Process.** Compensation & Benefits Review, Vol. 24 No. 5, pp. 21-9. 1992.

SIMATUPANG, T. M. **Benchmarking supply chain collaboration: An empirical study.** International Journal, 2001.

UNITED NATIONS INDUSTRIAL DEVELOPMENT ORGANIZATION (UNIDO): UNICO SPX Supplier Benchmarking Tool. Disponível em: <http://www.unido-spx.co.za>. Acesso em: 04.2013

VOSS, C., BLACKMON, K., HANSON, P., OAK, B. **The Competitiveness of European Manufacturing** - A Four Country Study. Business Strategy Review Spring, 1995.

VOSS, C., BLACKMON, K., CAGLIANO; R., HANSON, P., WILSON, F. **Made in Europe**: Small Companies. Business Strategy Review, 1998, Volume 9, Inssue 4.

WONG, W.P.,WONG, K. Y. **A review on benchmarking of supply chain measures performance**. Benchmarking: An international journal. Vol. 15, N°1. 2008. pp. 25-51.

ZAIRI, M. **Benchmarking for best practice:** continuous learning through sustainable innovation. Butterworth- Heinemann: Oxford. 1996.

ZAIRI, M., LEONARD, P. **Benchmarking Prático.** O guia completo. São Paulo: Editora Atlas, 1995.

ZHOU, H.; BENTON JR, W.C. **Supply chain practice and information sharing.** Journal of Operations Management. Vol. 25, n. 6, p. 1348-1365, 2007.

>> Anexo A
BMindex Questionário

Q	Questionário	Penúltimo ano	Último ano
1	Faturamento no mercado nacional		
2	Faturamento com exportação		
3	Faturamento total		
4	Custos das vendas relativos ao faturamento realizado		
5	Resultado (lucro) operacional (faturamento - despesas)		
6	Obrigações financeiras (juros a pagar)		
7	Lucro antes dos impostos e taxas		
8	Custos pessoais		
9	Ativo total (imobilizado + estoques + contas a receber)		
10	Recebíveis (contas a receber)		
11	Estoques (matérias-primas, em processo e acabados)		
12	Ativo líquido (caixa)		
13	Outros ativos em curto prazo		
14	Obrigações em curto prazo (contas a pagar)		
15	Outras dívidas em curto prazo		
16	Empréstimos em curto prazo		
17	Empréstimos em longo prazo		
18	Outras obrigações		
19	Capital próprio		
20	Custo de materiais (matéria-prima, insumos, componentes)		

Q	Questionário	Penúltimo ano	Último ano
21	Investimentos realizados		
22	Nº de clientes		
23	Nº de novos clientes		
24	Despesas com Marketing		
25	Despesas com Vendas		
26	Faturamento via *on-line*		
27	Nº de pedidos		
28	Nº de reclamações por cliente		
29	Nº de pedidos não entregues no prazo		
30	Nº total de colaboradores		
31	Nº de funcionários em cargo de direção		
32	% dos colaboradores com ensino superior		
33	% dos colaboradores com curso técnico		
34	Nº de novos funcionários		
35	Nº de faltas (dias/ano) (absenteísmo)		
36	Nº de funcionários que deixaram a empresa		
37	Nº de funcionários que deixaram a empresa em menos de seis meses		
38	Nº de funcionários do setor produtivo (produção)		
39	Gastos com educação e treinamento		
40	Gastos com P&D		
41	Nº produtos e serviços existentes		
42	Nº produtos e serviços novos		
43	Faturamento com os novos produtos e serviços		
44	Nº de fornecedores de produtos-chave		
45	Gastos com E-Business		
46	Gastos com TICs		
47	Tempo médio de entrega		
48	Valor de entregas com problemas		
49	Valor de entregas no prazo		
50	Nº de acidentes de trabalho		
51	Time to market (tempo de desenvolvimento)		
52	Gastos com E-Business no Suprimentos		
53	Nº de unidades (produtos) produzidas		
54	Nº de unidades (produtos) entregues		

Q	Questionário	Penúltimo ano	Último ano
55	Nº de unidades com defeitos ou não completas		
56	Nº de pedidos com uso da garantia		
57	% de sucata (Refugo)		
58	Matéria-prima e insumos		
59	Produto não acabado		
60	Produto acabado		
61	Tempo para retrabalho horas/ano		
62	Tempo de *setup* (min.)		
63	Tempo total de troca e preparação		
64	% de realização do plano de produção		
65	Faltas dias/ano		
66	Nº de dias trabalhados por ano		
67	Nº de horas trabalhadas por dia		
68	Total de horas trabalhadas na produção		
69	Área (m^2) de produção e estocagem		

FONTE: IZB, 2008

>> Anexo B
Indicadores quantitativos do BMindex

I	Indicadores	Fórmulas
1	Rentabilidade das vendas (margem do lucro líquido)	(Q7 / Q3) x 100
2	Rentabilidade do capital investido (patrimônio)	[Q7 / (Q17 + Q18 + Q19)] x 100
3	Retorno do ativo **líquido**	[(Q7 / Q9 - Q14 - Q15) x 100]
4	Retorno do ativo total	[(Q7 / Q9) x 100]
5	% custos fixos / faturamento	[((Q3 - Q4 - Q5) / Q3) x 100]
6	% custos de pessoal / faturamento	[(Q8 / Q3) x 100]
7	Valor agregado bruto (sobre faturamento)	[((Q3 - Q20) / Q3) x 100]
8	**Índice de liquidez corrente** (*current ratio*)	[(Q10 + Q11 + Q12 + Q13) / (Q14 + Q15 + Q16)]
9	**Índice de liquidez imediata** (*acid test*)	[(Q10 + Q12 + Q13) / (Q14 + Q15 + Q16)]
10	Prazo médio de pagamento em dias (credibilidade)	[(Q14 / Q3) x 365]
11	Prazo médio de recebimento em dias (risco de crédito)	[(Q10 / Q3) x 365]
12	Giro do capital de trabalho (*working capital turnover*)	[Q3 / ((Q10 + Q11 + Q12) - (Q14 + Q15)]
13	% do ativo líquido / capital	[(Q12 / Q3) x 100]
14	Cobertura de Juros	[Q7 / Q6]
15	Grau de endividamento	[((Q16 + Q17) / Q19) x 100]
16	Produtividade por área (Euro/m2)	[(Q3 / Q69) x 1000]
17	Lucro (antes do imposto) / n° de funcionários	[(Q7 / Q30) X 1000]
18	Faturamento / n° de funcionários	[(Q3 / Q30) X 1000]
19	Valor adicionado por funcionário	[(Q3 - Q20) / Q30] x 1000
20	% de aumento do lucro antes do imposto	[((Q7 - Q7a) / Q7a) x 100]

I	Indicadores	Fórmulas
21	% de aumento do faturamento em relação ao ano anterior	[((Q3 - Q3a) / Q3a) x 100]
22	% de aumento do custo pessoal em relação ao ano anterior	[((Q8 - Q8a) / Q8a) x 100]
23	Valor médio dos pedidos	[(Q3 / Q27) X 1000]
24	% de novos clientes	[(Q23 / Q22) x 100]
25	N° reclamações por cliente	[Q28 / Q22]
26	N° reclamações por pedido	[(Q28 / Q27) x 100]
27	% pontualidade nas entregas dos pedidos	[(Q29 / Q27) x 100]
28	% de reclamações (em garantia)	[(Q56 / Q27) x 100]
29	Média de custos pessoais por funcionários	[(Q8 / Q30) X 1000]
30	Relação n° de funcionários na produção e indireto	[Q38 / (Q30 - Q38)]
31	Relação n° funcionários e diretoria	[Q30 / Q31]
32	% de funcionários com título acadêmico	[(Q32 / Q30) x 100]
33	% de funcionários com formação técnica (comprovada)	[Q33 / Q30 x 100]
34	% do faturamento investido em educação e treinamento	[(Q39 / Q3) x 100]
35	% de acidentes	[Q50 / Q30]
36	% de funcionários que deixaram a empresa (menos seis meses)	[(Q37 / Q30) x 100]
37	% de novos funcionários	[(Q34 / Q30) x 100]
38	% de n° de faltas em dias/dias trabalhados	[Q35 / Q30]
39	N° de funcionários que deixaram a empresa	[(Q36 / Q30) x 100]
40	% de investimento sobre faturamento	(Q21 / Q3) x 100
41	% de investimento de P&D sobre faturamento	(Q40 / Q3) x 100
42	% de investimento de Marketing sobre faturamento	(Q24 / Q3) x 100
43	% de investimento de E-business sobre faturamento	(Q45 / Q3) x 100
44	% de investimento de E-business em suprimentos	Q52 / Q3) x 100
45	Investimento em TIC por colaborador	Q46 / Q30) X 1000
46	Custo de venda por pedido (custo de vendas / faturamento)	Q25 / Q3) x 100
47	% de exportação do faturamento	Q2 / Q3) x 100
48	% de vendas de novos produtos e serviços	Q43 / Q3) x 100
49	% de novos produtos e serviços (no portfólio)	Q42 / Q41 x 100
50	% do faturamento sobre vendas *on-line*	Q26 / Q3) x 100
51	*Time to market* (meses)	Q51

I	Indicadores	Fórmulas
52	Tempo de *setup* (minutos)	Q62
53	% de cumprimento do plano de produção	Q64
54	% de sucata	Q57
55	*Overall Equipment Effectiveness* (OEE)	[(Q66xQ67) − (Q65x12)/(Q66xQ67)] x [Q68/(Q66x-Q67xQ38)]x[(Q53-Q55)/Q53] x 100
56	Tempo médio de entrega (dias)	Q47 / Q27
57	Partes por milhão (PPM)	(Q55 / Q54) x 1000000
58	Tempo de retrabalho por colaborador (horas/ano)	Q61 / Q30
59	Tempo de troca de ferramentas em % da capacidade total	Q63
60	Giro de estoque	Q20 / Q11
61	% de produtos acabados no estoque	Q60 /(Q58+Q59+Q60) x 100
62	% de produtos semiacabados no estoque	Q59 /(Q58+Q59+Q60) x 100
63	% de matéria-prima no estoque	Q58 /(Q58+Q59+Q60) x 100
64	Valor médio por pedido dos fornecedores	Q20 / Q44) X 1000
65	Pontualidade na entrega do fornecedor	Q49 / Q20) x 100
66	Qualidade da entrega do fornecedor	Q48 / Q20) x 100

FONTE: IZB, 2008

>> Anexo C
Questionário UNIDO/PROBE

A	Questionário UNIDO/PROBE Marque a melhor afirmativa (A) na escala de 1 a 5. Pontue 2 e 4 para posições intermediárias.
	SEÇÃO 1: PLANO DE NEGÓCIO E CAPACIDADE PARA ATINGI-LO
	1. Objetivos em longo prazo – Visão de Futuro (10 anos)
1	Existência do negócio objetiva satisfazer as pessoas envolvidas.
3	Nós objetivamos sucesso e lucro nas operações.
5	Temos a ambição de crescimento para alcançar um tamanho muito maior do que o atual. Evidências: plano de negócio com objetivos e ações planejadas.
	2. Desenvolvimento de mercados e produtos
1	Estamos satisfeitos com o nosso nicho de mercado e não estamos procurando novos mercados e produtos.
3	Nós queremos desenvolver novos mercados e produtos, mas o dia a dia nos consome com outras atividades prioritárias.
5	Para atingir nossos objetivos de crescimento, necessitamos desenvolver novos produtos e mercados. Evidências: plano de marketing com indicadores para crescimento de clientes e *market share*
	3. Plano Financeiro
1	Não temos necessidade de injeção de capital no negócio.
3	Nosso Plano de Negócio é mais em longo prazo e precisará de pouco financiamento adicional.
5	Para atingir nossos objetivos, necessitamos de financiamento substancial. Estamos trabalhando nisso. Evidências: projeção do fluxo financeiro relacionado com Plano de Marketing.

	4. Desenvolvimento e crescimento da força de trabalho
1	Antecipamo-nos às necessidades de trabalho e contamos com estabilidade dos colaboradores.
3	Nós prevemos uma expansão modesta no n° de colaboradores e em algumas novas competências.
5	Para atingir nossos objetivos necessitamos de uma expressiva expansão no n° de colaboradores e de novas competências. Evidência: plano de competências com ações em andamento (18 meses).
	5. Habilidades e experiências no negócio
1	A gerência está lidando com as demandas no negócio.
3	A gerência é capaz, mas precisa se desenvolver para apoiar qualquer expansão significativa dos negócios.
5	A gerência é muito experiente e está bem equipada para as necessidades do negócio e do seu desenvolvimento. Evidências: plano de competências para a gerência com ações em andamento.
	SEÇÃO 2: GERANDO NEGÓCIOS
	6. Conhecimento do ambiente externo do negócio
1	A gerência não participa ou não informa mais do que as demandas diárias.
3	A gerência está atenta ao que está acontecendo no mundo e como eventos podem afetar o negócio, e nós tentamos estar preparados.
5	Nós estamos muito atentos e preparados para as oportunidades e desafios do ambiente externo do negócio, considerando tendências, economia, leis, inovações etc. Evidências: SWOT análise, e-mails informativos de alerta, revistas especializadas.
	7. Como são comparados os nossos produtos com similares pelos nossos clientes?
1	Nós realmente não sabemos muito.
3	Nós sabemos um pouco e, com certeza, mais conhecimento nos ajudaria muito.
5	Nós sabemos muito, obtemos constantemente informações de diversas fontes e as usamos nas nossas estratégias. Evidências: pesquisa com os clientes e pontos de vendas. As informações são incorporadas no material de marketing.
	8. O que nós sabemos sobre os nossos clientes?
1	Nós não sabemos muito sobre os nossos clientes e por que eles compram de nós (e não na concorrência).
3	Nós temos relatórios de clientes e esses nos recomendam para novos clientes potenciais.
5	Clientes estão no foco central do nosso Plano de Negócio. Nós monitoramos cada cliente e solicitamos informações e comentários sobre suas expectativas e por que usam nossos produtos. Evidências: requisitos de clientes. Cliente satisfeito e expectativas atendidas.

	9. Satisfação dos clientes. Como nós conhecemos e atendemos às expectativas dos nossos clientes?
1	A única interação com o cliente está relacionada à prestação do serviço.
3	A interação é feita, principalmente, através de meios informais e reclamações. Traduzimos isso em procedimentos e usamos para melhorar os produtos existentes.
5	Temos vários mecanismos formais e informais para identificar as expectativas dos clientes. Eles alimentam continuamente o desenvolvimento de produtos. Evidências: procedimentos documentados.

	10. O que nós fazemos com os produtos não conformes e com a insatisfação de clientes?
1	Não temos procedimentos para capturar ou usar dados sobre reclamações de clientes.
3	Nós temos registros e tentamos assegurar a sua não repetição.
5	Nós usamos reclamações como oportunidades de melhoria. Nós monitoramos as vendas e perguntamos aos clientes se está ok, senão fazemos alterações. Evidências: procedimento para tratamento de reclamações e oportunidade de melhorias.

	11. Como nós sabemos o quanto o nosso cliente está satisfeito?
1	Não medimos a satisfação.
3	Nós os consultamos oportunamente.
5	Nós perguntamos continuamente para os clientes, em grupos e/ou individualmente, através de questionários que nos fornecem com precisão o quanto estão satisfeitos. Evidências: indicadores de satisfação e procedimentos formais para resolução de problemas.

	12. Em nossa opinião, o quanto satisfeito está o nosso cliente?
1	Nós recebemos muitas reclamações.
3	Recebemos a mesma quantidade de feedback positivos e negativos.
5	Nós sabemos, de fato, que a maioria dos clientes está bem satisfeita. Evidências: declarações e questionários de satisfação.

	13. Mantendo os nossos compromissos (confiabilidade de prazo, qualidade e pós-venda)
1	Infelizmente nossos clientes, frequentemente, estão decepcionados conosco.
3	Nós, geralmente, cumprimos com os nossos compromissos, mas, às vezes, acontecem problemas.
5	Nós nunca decepcionamos nossos clientes. Evidências: registros que comprovem compromissos atendidos.

	14. Quanto tempo os nossos clientes permanecem nossos clientes?
1	Nossos clientes mudam constantemente.
3	Nós conseguimos manter um grupo estável de clientes.
5	Nós raramente perdemos clientes. Eles parecem "grudados" em nós. Evidências: lista de clientes por ano, demonstrando poucas perdas.
	15. Participação no mercado (market share)
1	Nós estamos com menos negócios do que usualmente (fraco ou em declínio).
3	Parece que obtemos nosso market share (estável).
5	Nós estamos fazendo progresso com mais negócios e maior market share. Evidências: ganhos reais em novos nichos de mercado.
	SEÇÃO 3: TRABALHANDO COM FUNCIONÁRIOS
	16. Envolvimento dos funcionários
1	Pouca participação.
3	Nós frequentemente participamos a nossa visão, planos e preocupações com os funcionários.
5	Eles ajudam a formatar os nossos planos e modificar a nossa forma de pensamento. Nosso negócio é uma junção de esforços. Evidência: processo de consulta e participação nas decisões.
	17. O quanto as pessoas estão envolvidas na nossa forma de trabalhar?
1	Nós esperamos que cada um faça bem o seu trabalho.
3	Alguns funcionários fazem sugestões. Se forem úteis, nós adotamos.
5	Nós motivamos todos a melhorarem em seus processos e produtos. Evidências: programa motivacional e melhorias efetuadas.
	18. O que acontece quando algo sai errado?
1	Alguém é culpado por isso.
3	Nós buscamos a causa do problema e atuamos para não ocorrer novamente.
5	Erros são vistos como oportunidades de melhoria no processo de aprendizado. Evidências: processo documentado para lidar com problemas.
	19. Como um bom trabalho é reconhecido
1	Nós esperamos que o trabalho seja sempre bem feito, sem a necessidade de reconhecimento ou premiação.
2	Ótimas ideias são reconhecidas e divulgadas. No mínimo informalmente.
3	Todos sabem que os seus esforços e realizações são muito apreciados. Evidências: sistema formal de reconhecimento e premiação.

	20. Treinamento
1	Nós trabalhamos com pessoas com habilidades necessárias para desenvolver as tarefas.
3	Temos recursos para assegurar treinamentos conforme necessidades e solicitações.
5	Para nós, educação e treinamento são investimentos no futuro. Os funcionários são consultados no planejamento. Evidências: plano de treinamento e procedimento de coleta de informações.
	21. Satisfação dos funcionários
1	As pessoas não ficam muito tempo na nossa empresa, e nosso absenteísmo é alto.
3	As pessoas parecem satisfeitas, e não temos grande problemas com absenteísmo e rotatividade.
5	As pessoas gostam de trabalhar aqui e são dedicadas. Raramente faltam ou saem da empresa. Evidências: indicadores de absenteísmo e rotatividade.
	22. Recrutamento e Desenvolvimento
1	Nós só contratamos pessoas quando precisamos.
3	Nós temos um processo de recrutamento que atende as necessidades em curto prazo (imediatas).
5	Nós nos antecipamos às nossas necessidades e planejamos cuidadosamente o recrutamento. Os novos funcionários são acompanhados na nossa empresa. Evidências: necessidades futuras e relacionadas com o plano de negócio.
	23. Contrato, condições de trabalho e bem-estar dos funcionários
1	Nós tentamos atender os requisitos legais e estatutários. Às vezes, temos dúvidas se conseguimos.
3	Nós atendemos a legislação e não temos benefícios extras.
5	Os benefícios vão além dos requisitos legais e estatutários. O bem-estar dos funcionários é muito importante para nós. Evidências: benefícios de pensão, planos privados de seguro e saúde, entre outros.
	24. Liberdade e *empowerment*
1	Os funcionários não são encorajados para agir diferente do estabelecido nos procedimentos.
3	Os funcionários têm limites definidos para agir.
5	Os funcionários são motivados para agir da melhor forma e resolver os problemas.

SEÇÃO 4: REALIZANDO O TRABALHO	
25. Qualidade	
1	As coisas não acontecem sempre da mesma forma. O controle (inspeção) assegura a qualidade.
3	As boas práticas se aplicam sempre da mesma forma.
5	Nós estamos sempre melhorando as nossas (melhores) práticas. Evidências: procedimento documentado para melhorar a forma de fazer o trabalho.
26. Melhoria nos processos do negócio	
1	Nós não temos tempo suficiente para analisar e melhorar os processos do negócio.
3	Nós usamos, frequentemente, o nosso tempo para melhorar os nossos processos.
5	Nós analisamos, regularmente, os nossos principais processos do negócio e a sua gestão. Quando necessário, nós os redesenhamos. Evidências: procedimento formalizado para revisar processos e melhorias realizadas.
27. Tempo de reação (Pedidos e situações urgentes)	
1	Algumas vezes, é devagar e sem reação.
3	Bastante rápido, especialmente em situações relacionadas aos clientes.
5	O cliente é atendido prontamente, às vezes, em regime urgente.
28. Como nós mensuramos?	
1	Comparamos o faturamento com o custo para produzir.
3	Medimos custo, eficiência e produtividade.
5	Monitoramos a satisfação dos clientes, dos funcionários, aumento de vendas, saúde, acidentes, entre outros.
29. Tempo necessário (*lead time* de entrega)	
1	Às vezes, perdemos alguns pedidos, pois nosso tempo de entrega é muito longo.
3	Nossa velocidade não é um diferencial para ganhar pedidos.
5	Nós ganhamos pedidos, pois somos mais rápido do que a concorrência.
30. Ritmo de produção. Como controlamos o ritmo de produção?	
1	Parece que estamos sempre correndo para terminar o trabalho no prazo.
3	Alguns trabalhos precisam ser monitorados para ficarem prontos no prazo.
5	A maioria do trabalho segue sem problemas, e raramente temos dificuldades em não atender requisitos.

	31. Prazo de entrega. Nós executamos o trabalho no tempo?
1	Nós tentamos sempre entregar nas datas prometidas, mas, inevitavelmente, ocorrem atrasos.
3	Na maioria das vezes entregamos no prazo, mas nem sempre é possível.
5	Sempre que prometemos cumprimos. Exceções são raras.
	32. Manutenção de máquinas e equipamentos (informática)
1	Fazemos somente manutenção corretiva (após quebra). Talvez seja essa a causa dos nossos problemas com equipamentos e atrasos de entrega.
3	Nós temos plano de manutenção baseado nos fabricantes. Temos segurança de dados e *backup*.
5	Manutenção preventiva com participação dos operadores (TPM). Nós nos antecipamos aos problemas e investimos para os prevenir. Evidências: plano de manutenção preventiva, preditiva e TPM.
	33. Como nós selecionamos fornecedores
1	Menor preço.
3	As decisões de compra são baseadas em preço, prazo e qualidade.
5	Nós procuramos fornecedores como extensão de nossa empresa. Eles são envolvidos no planejamento e entrega de nossos produtos. Evidências: relacionamento em longo prazo baseado na transparência e confiança.
	34. Desempenho dos fornecedores (confiança)
1	Nós temos, frequentemente, problemas com qualidade e prazo.
3	Nós temos, ocasionalmente, problemas com qualidade e prazo.
5	Nós confiamos nos nossos fornecedores. Evidências: avaliação de desempenho.
	35. Como lidamos com segurança e saúde
1	Achamos que fazemos o que é legal.
3	Nós atendemos aos requisitos legais, estatutários e vamos além. Mas não temos alta prioridade.
5	Nós temos uma abordagem estratégica e proativa para as questões de segurança e saúde, com políticas bem implementadas e muito além dos requisitos legais.
	36. Sustentabilidade. Nosso negócio é sustentável?
1	Nosso negócio desconhece ou não prioriza minimizar o impacto de nossas atividades na sustentabilidade.
3	Nós identificamos aspectos ambientais, econômicos e sociais de nossas atividades e estamos tendo progresso nessas questões.
5	Nosso negócio é um exemplo de boas práticas sustentáveis com energia, material e outros recursos relacionados com aspectos ambientais, econômicos e sociais. Nós influenciamos positivamente outras empresas com fornecedores.

	37. Qual é o impacto que temos no meio ambiente e na sociedade?
1	Nosso negócio desconhece o impacto, ou sabe que o impacto é significante e negativo.
3	Nós monitoramos o impacto social e ambiental de nossas atividades. Os impactos negativos são reduzidos e estamos melhorando continuamente a nossa performance de sustentabilidade.
5	Nós temos códigos e procedimentos que incluem, também, responsabilidades por efeitos indiretos de nossas atividades. Os impactos negativos das atividades foram eliminados com balanço positivo e ações reparadoras.
	38. Relacionamento com especialistas, universidades e consultores.
1	Muito pouco relacionamento.
3	Às vezes, quando estamos necessitados.
5	Mantemos contato constante e nos apoiamos neles para tomada de nossas decisões.
	39. Aprendizado com outras empresas.
1	Nós temos poucas informações sobre o que os outros fazem e como fazem.
3	Estamos atentos e tentamos superar os nossos concorrentes.
5	Nós olhamos como os melhores fazem e tentamos aprender com eles quando necessário. Evidência: implementação das melhores práticas desenvolvidas por outras empresas.
	40. Foco no cliente. Gestão dos "momentos da verdade".
1	Processos com contato com clientes não identificados e não apropriadamente conhecidos.
3	Nos processos do cliente, foram identificados os principais pontos de relacionamento.
5	Nós asseguramos que todo contato com o cliente é executado com excelência, e problemas potenciais são antecipados e prevenidos.
	41. Produtividade (Ganhos de produtividade anual).
1	A nossa produtividade está diminuindo.
3	A nossa produtividade está melhorando moderadamente (2% a 5% ao ano).
5	A nossa produtividade está melhorando consistentemente. Ganhos significativos (15% ou mais por ano). Evidências: indicadores, faturamento por colaborador, retorno de capital investido e identificação de fatores contributivos para uma tendência positiva
	42. Custos operacionais. Nossos custos operacionais são?
1	Altos.
3	Na média do setor.
5	Os mais baixos do setor. Evidências: indicadores e benchmark de custos operacionais

	43. Equipamentos (flexibilidade) e layout (fluxo de materiais)
1	O layout restringe nossa flexibilidade e capacidade de respostas a variações de demanda. Evidências: layout funcional para médios e grandes volumes.
3	Layout aceitável, mas não ideal.
5	O layout é ideal e apoia a nossa flexibilidade e capacidade de respostas. Evidências: equipamentos flexíveis, baixa perdas de transporte, layout adequado a flutuações de demanda.
	44. Programação da produção. Empurrada *versus* puxada.
1	Programação da produção empurrada. O material é processado antecipadamente, e com foco no início da produção.
3	Programação da produção empurrada e puxada.
5	Programação da produção puxada. Nada é produzido sem demanda de cliente. Evidências: cartões Kanban, sistemas visuais (Andon), foco na montagem final (puxada).
	45. Tamanho de lotes de produção.
1	Lotes grandes e grandes quantidades de produto semiacabados na fábrica.
3	Estamos diminuindo o tamanho dos lotes e realizando o balanceamento de linhas e de postos de trabalho.
5	Tamanho do lote tão pequeno quanto desejado pelo cliente. Evidências: estudos de balanceamento, *setup* rápido, pouco estoque intermediário, tamanho de lotes flexíveis.
	SEÇÃO 5: NOVOS MERCADOS
	46. Como nós adquirimos novos clientes?
1	Nós não somos proativos.
3	Nós fazemos somente propaganda local.
5	Nós temos um plano de marketing baseado em pesquisas de mercado. Contratamos serviços terceirizados. Evidências: plano de Marketing e ações proativas.
	47. Como nós desenvolvemos novos mercados?
1	Nós não sabemos.
3	Nós desenvolvemos o mercado através das solicitações de clientes.
5	Nós conduzimos pesquisas para estudar a viabilidade do potencial de novos mercados. Nós sabemos como desenvolver proativamente um novo mercado.

	SEÇÃO 6: DESENVOLVIMENTO DE PRODUTOS (E SERVIÇOS)
	48. Melhorias de Produtos.
1	Pouco envolvimento de clientes nas melhorias.
3	Nós melhoramos produtos quando o cliente sugere.
5	Nós temos métodos para saber o que o cliente deseja e como atender as suas necessidades nos produtos. Evidências: as principais melhorias realizadas
	49. Planejamento de novos produtos ou alterações.
1	Geralmente nós não planejamos.
3	Nós planejamos novos produtos ou alterações somente em curto prazo.
5	Nós sabemos o que vamos vender no futuro e planejamos antecipadamente novos produtos e alterações. Evidências: exemplos de incorporações de tecnologias, requisitos de clientes, do mercado e da sociedade.
	50. Novas ideias. Inovações desenvolvidas (nos últimos três anos).
1	Nenhuma recentemente. Nós somos seguidores.
3	Quando surge uma nova ideia, nós a desenvolvemos.
5	Desenvolver e implementar novas ideias, faz parte do nosso dia a dia. Nós somos frequentemente copiados. Evidências: percentual do negócio que vem de novas ideias. Novas ideias desenvolvidas nos últimos três anos.
	51. TI. Uso de computadores e sistemas.
1	Nós usamos computadores para aplicações básicas (ex. edição de texto).
3	Nós usamos computadores para reduzir custos (tempo e pessoas), mas isso não altera a nossa rotina.
5	O uso de TI mudou a forma de operar (e respostas) com os clientes. Evidência: uso de sistemas de informação.
	SEÇÃO 7: GESTÃO DE RECURSOS FINANCEIROS
	52. O quanto nós dominamos o processo de financiamento do negócio
1	Nós não temos experiência de como identificar recursos financeiros e como obtê-los. Nós tentamos uma vez só (ou nunca).
3	Nós conhecemos nossas opções, oportunidades e identificamos as necessidades através do plano de negócio.
5	Nós exploramos novas alternativas e abordagens. Nós temos uma abordagem estratégica do financiamento e o revisamos continuamente.

	53. Planejamento do fluxo de caixa
1	Nós temos problemas para cobrir os pagamentos.
3	Nós temos que pressionar clientes e renegociar com os fornecedores. Dessa maneira, conseguimos balancear o fluxo monetário de entradas e saídas.
5	Nós temos boas condições para negociar e bom controle do fluxo de caixa (boa acurácia).
	54. Com que frequência é realizada a previsão do fluxo financeiro?
1	Nós não fazemos.
3	Quando requisitado pelo banco ou instituições financeiras.
5	Regularmente e continuamente.

OBS.: A PALAVRA PRODUTO INCLUI QUALQUER TIPO DE SERVIÇO.
FONTE: BASEADO NO UNIDO (2013)

>> Anexo D
Indicadores qualitativos do SIMAP

SIG (GP01)	0	25	50	75	100
1. ISO 9001 2. ISO 14001 3. 5S 4. SA 8000 5. OSHAS 18000	Procedimentos informais	Procedimentos documentados	Programa formal de implantação	Realiza auditorias internas	Certificado
Gestão da Produção (GP02)	**0**	**25**	**50**	**75**	**100**
6. Tempo de *setup* (médio da fábrica)	Informal	Procedimentos documentados	Tempo < 60 min.	Tempo < 40 min.	< 10 (SMED)
7. PCP	Informal	Planilhas eletrônicas (Excel...)	Software	MRP e MRP II	ERP
8. Estudos de Capabilidade	Informal	Processos instáveis	Processos estáveis	CEP	Cpk > 2
9. Custos da (má) Qualidade	Desconhecidos	Monitora	1-10% faturamento	< 1 % faturamento	< 0,5 % faturamento
10. Controle de Processos	Parâmetros informais	Parâmetros formais	Parâmetros controlados	Instrumentos calibrados	Estudos de capabilidade
11. Defeitos - PPM	Desconhecidos	Conhecidos	1-10 %	< 1000 PPM	< 500 PPM
12. Tipo de Manutenção	corretiva	plano informal de manutenção	preventiva	preditiva	TPM
13. Filosofia e Ferramentas JIT	Não utiliza ferramentas	Uma ferramenta	Duas ferramentas	Três ferramentas	Muitas ferramentas

14. Desenvolvimento de Fornecedores	Informal	Formal	Monitora desempenho	Programas de capacitação	Estabelece parcerias
15. Idade média dos equipamentos	Desconhecida	Maior 20 anos	10 a 20 anos	5 a 10 anos	< 5 anos
Gestão de Produtos (GP03)	**0**	**25**	**50**	**75**	**100**
16. Domínio e uso de normas técnicas	desconhece	Conhece e utiliza parcialmente	Utiliza as principais	Utiliza sempre	Utiliza 100% e atualiza
17. CAD – CAE – CIM	Desconhece	Conhece	Utiliza CAD	CAD e CAE	CAD – CA – CIM
18. Eng. Simultânea e Equipes Multifuncionais	Não utiliza	Utiliza informalmente	Procedimento documentado	Implementando	Utiliza sempre
19. *Lead Time* de desenvolvimento	Não controla	Controle informal	Monitora	Competitivo	É benchmark (melhor)
20. Metodologia para desenvolvimento	Desconhece	Informal	Documentado	Melhora continuamente	Usa conceito *lessons learn*
21. Parcerias Clientes e Fornecedores	Não realiza	Informal	Formal	Fornecedores	Fornecedores e clientes
Gestão Estratégica (GP04)	**0**	**25**	**50**	**75**	**100**
22. Planejamento estratégico	Informal	Formal	Monitora periodicamente	Informa a todos	Desdobra missão, visão e indicadores
23. Estratégia de produção	Informal	Definida	Monitora	Informa	Plano de ação
24. Estilo de liderança e envolvimento dos empregados	Controlador	Centralizado	Descentralizado	Participativo	Ambiente para melhoria
25. Uso do benchmarking	Não utiliza	É benchmarking local	É benchmarking regional	É benchmarking nacional	É benchmarking internacional

26. Orientação ao cliente	Informal	Monitora insatisfação	Pesquisa de satisfação	Monitora a satisfação	Clientes muito satisfeito > 80%
27. Indicadores	Informal	Financeiros	Qualidade	Processos	PDCA – Metas definidas
Gestão da Logística (GP05)	**0**	**25**	**50**	**75**	**100**
28. Controle de estoques	Baixo controle	Controle documentado	Controle total e documentado	Sistemas interdependentes	Sistema integrado
29. Rotatividade de estoques	Baixo giro, sem monitoramento	Monitoramento parcial	Giro de estoques de 1 a 12 vezes ao ano	Giro de estoques entre 12 a 24 ano	Giro maior do que 24 vezes
30. Prestadores e operadores logísticos	Não considera importante, tem frota própria	Utiliza apenas transportador terceirizado	Utiliza transporte terceirizado e outro serviço	Usa operador logístico	Integrador Logístico (todo o canal)
31. Manuseio	Não usa máquinas	Usa poucas máquinas	Usa máquinas padrão	Sistema semiautomatizado	Maquinário automatizados e robótica
32. Unitização	Não usa nenhum tipo	Usa paletes de qualquer tipo	Usa palete específico, estantes e outros	Usa paletes e contenedores específicos	Usa contenedores padronizados
33. Fluxo de materiais	Manual, Controle Visual	Planilha eletrônica ou softwares	Uso de código de barras	RFID GPS	*Container* Inteligente
34. Fluxo de Informação	Consulta por telefone celular	Consulta por internet e email	EDI	Rastreamento por satélite ou GPS	Bases de dados integrados
35. Fluxo Financeiro	Informal	Individual	Parcialmente Integrado	Bancos de dados integrados	Integração total
36. Transações comerciais	Manual	Pedidos através do computador	RC ou VMI	ECR ou CRM	Marketplace
37. Controle de armazém	Manual ou controle visual	Planilha eletrônica ou software	Uso de código de barras	Telefone ou Voz de seleção – RFID	WMS
38. Sistema de Transportes	Informal	Planilha eletrônica ou software	*Milk-run*	GPS, Software de roteamento	TMS

39. Relacionamento na cadeia de suprimento	Só relações comerciais	Parcerias	Parcerias por longos períodos	Gerenciamento e relacionamento com fornecedores	Parcerias estratégicas
Gestão de RH (GP06)	**0**	**25**	**50**	**75**	**100**
40. Plano de Treinamento	Informal	Procedimento documentado	Monitora horas/treinamento	< 20 horas	> 20 horas
41. Descrição de cargos e competências	Informal	Descrição de responsabilidade e autoridade	Descrição de competências	Programa multifuncionalidade	Avaliação de competências
42. Programas participativos	Informal	Formal	Mais de um programa	Vários programas	Participação em resultados
Gestão Financeira (GP07)	**0**	**25**	**50**	**75**	**100**
43. ERP	Não realiza formalmente	Implementando	Realiza parcialmente	Fase final de implementação	Utiliza para tomada de decisões
44. Custeio Direto	Não realiza formalmente	Implementando	Realiza parcialmente	Fase final de implementação	Utiliza para tomada de decisões
45. Custeio ABC	Não realiza formalmente	Implementando	Realiza parcialmente	Fase final de implementação	Utiliza para tomada de decisões
46. Método de análise de investimento	Não realiza formalmente	Implementando	Realiza parcialmente	Fase final de implementação	Utiliza para tomada de decisões

>> Anexo E
A Fábrica do Ano

Questionário: A fábrica do ano. Global Excellence in Operations
PARTE I: INFORMACÕES GERAIS
Obs.: Valores para o último e o antepenúltimo anos
1. Por família de produto
a. Custo unitário:
b. Volume entregue:
2. Descrever o mapa do fluxo de valor
3. Custos de manufatura
a. Custos direto de materiais e aquisição
b. Custos direto de produção (salários)
c. Custos indireto de produção (manuseio, qualidade, manutenção...)
d. Custos indireto de materiais e serviços
e. Salários administrativos e benefícios
f. Energia
g. Depreciação de equipamentos
h. Depreciação de prédios e terrenos
i. Outros custos prediais (taxas, aluguel...)
j. Outros custos alocados na planta industrial
k. Outros custos (especificar)
l. Custo total de produção (somatório)
m. Número de funcionários na planta
4. Informações financeiras
a. Faturamento líquido
b. Custos de compra de material e serviços

c. Custos do inventário
d. Valor adicionado
e. Lucro operacional antes das taxas e impostos
f. Lucro operacional líquido (após impostos)
g. Capital empregado
h. Custo médio de capital (ponderado)
i. Valor econômico agregado (EVA)
j. Rentabilidade líquida dos ativos
k. Rentabilidade sobre as vendas
l. N° total de funcionários
5. Definir segmentos de mercados (produto, região e clientes)
6. Definir *market share*
7. Percentual de crescimento comparando com a média dos três principais concorrentes
8. Informações sobre a empresa, fornecedores, catálogos...
PARTE II: FATORES DE SUCESSO
1. Estratégia operacional
1.1 Descrição das estratégias operacionais atuais e futuras

a. Custo unitário (% realizado nos últimos 3 anos)   (% esperado nos próximos 3 anos)
 	
   Estratégia utilizada ou a ser utilizada
   (como a mudança aconteceu/acontecerá)

b. Vendas (% realizado nos últimos 3 anos)   (% esperado nos próximos 3 anos)
 	
   Estratégia utilizada ou a ser utilizada
   (como a mudança aconteceu/acontecerá)

c. Capital empregado (% realizado nos últimos 3 anos)   (% esperado nos próximos 3 anos)
 	
   Estratégia utilizada ou a ser utilizada
   (como a mudança aconteceu/acontecerá)

d. Ativo permanente (% realizado nos últimos 3 anos)   (% esperado nos próximos 3 anos)
 	
   Estratégia utilizada ou a ser utilizada
   (como a mudança aconteceu/acontecerá)

1.2 Análise dos fatores de sucesso (1 a 5 para importância) e (1 a 5 para desempenho frente à concorrência)
a. Preço mais baixo b. Qualidade do produto c. Inovação d. Entrega e. Outros (especifique)
2. Desempenho gerencial:
2.1 Descreva o sistema de desempenho da fábrica com a análise do ano anterior.
3. Desenvolvimento de Produto e Processo   Obs.: Valores para o último e o antepenúltimo anos, em meses.
3.1 Métricas de inovação
a. Duração média (meses) do ciclo de vida do produto
b. *Time to market* para introdução de novos produtos
c. *Time to production* para novos produtos (metas de qualidade, produtividade...)
d. *Time to profit* para novos produtos
e. Contribuição do produto no primeiro quarto do seu ciclo de vida: no % de vendas e no % do resultado
f. Percentual de vendas com produtos novos.
4. Integração de fornecedores
4.1 Práticas de suprimentos: Valores para o último e o antepenúltimo anos, e valor planejado para os próximos dois anos.
a. Percentual de entregas com atrasos ou não conformidades
b. Tempo médio de entregas em dias
c. Redução de custos devido a ação de aquisição em percentual de compras
d. Redução de custos devido a ação de melhorias de projeto em percentual de compras
e. Redução de custos total em percentual de compras
f. Percentual de aquisição de países com baixo custo de mão de obra
4.2 Especifique o plano de compras para atingir o planejado para os próximos dois anos.
5. Processos de manufatura com valores para o último e o antepenúltimo anos
5.1 Informações sobre os processos de manufatura
a. Tempo ocioso de produção, em horas (final de semana, feriados...)
b. Tempo ocioso por falta de demanda, em horas
c. Tempo para manutenção e limpeza, em horas

d. Tempo médio de *setup* e quantidade de *setups*
e. Outras paradas planejadas
f. Paradas por quebra de máquinas
g. Tempo de espera por falta de material
h. Outras paradas não planejadas (especificar)
i. Tempo real de produção
j. Tempo total teórico de produção (soma 5.1.a até 5.1.i / 24 horas x 365 dias)
k. Utilização 1 = 5.1.i / 5.1.j
l. Utilização 1 = 5.1.i / (5.1.j - 5.1.a)
m. Aprovadas sem retrabalho = Total de conformes/total produzido
5.2. Informações sobre o tempo produtivo disponível em horas
a. Tempo produtivo em horas trabalhadas
b. Tempo não produtivo (espera) em horas trabalhadas
c. Tempo para retrabalho
d. Tempo para inspeção
e. Tempo para manuseio e transporte de material
f. Outros tempos não produtivos (ex. treinamento)
g. Tempo disponível total
5.3 Custos da qualidade (preventivo, inspeção, falhas internas, falhas externas e total)
5.4 Custo de manutenção e reposição (ano anterior)
5.5 Esforço de manutenção em horas (preditivo, preventivo, emergencial, custos planejado e não planejado)
6. Integração com o cliente
a. Como são medidos a satisfação do cliente e os resultados alcançados no último e no antepenúltimo anos?
b. Prêmios recebidos de clientes?
7. Supply Chain Management para o último e o antepenúltimo anos
7.1 Métricas de Supply Chain Management
a. Percentual de pedidos atendidos por estoques existentes
b. Percentual de pedidos atendidos pelo centro de distribuição, dentro de 24 horas
c. Percentual de pedidos fornecidos por demanda (*just in time*)
d. *Lead time* médio de entrega (pedido-produção-entrega)
e. *Lead time* padrão de entrega do setor

f. *Lead time* médio de produção
g. Percentual de entregas corretas no prazo desejado do cliente
h. Percentual de entregas corretas (prazo, qualidade e quantidade) acordado com o cliente
i. Percentual de reclamações por entrega
7.2 *Lead time*: recebimento, processamento do pedido, produção (tempo espera) e entrega (tempo de espera)
7.3 Flexibilidade da Produção: dias necessários para aumento não planejado de 20% da produção
7.4 Rotatividade anual para o último e antepenúltimo anos
a. Matéria-prima e componentes adquiridos
b. Estoque em processo
c. Produto acabado
d. Total
8. Gestão de recursos
8.1 Recursos humanos na fábrica (direto e indireto): absenteísmo (%), dias parados por acidente (%) e investimentos voluntários feitos para melhorar as condições de trabalho ou saúde.
8.2 Percentual de funcionários por categoria e processos
8.3 Descrição do modelo de carga de trabalho semanal (flexibilidade, mínimo, máximo, horas extras, entre outros.)
8.4 Qualificação da mão de obra (horas treinamento/funcionário e direção, investimento em treinamento por funcionário e direção, e percentual de funcionários polivalentes).
9. Eficiência nos recursos (na produção no último e no antepenúltimo anos)
9.1 Descrever políticas, objetivos e resultados no uso eficiente de recursos
9.2 Você reduziu o uso de matéria-prima? Como?
9.3 Reduções de custos e consumo de energia elétrica
9.4 Reduções de custos e consumo de gás e óleo
9.5 Reduções de custos e consumo de água
9.6 Emissão de dióxido de carbono (CO_2)
9.7 Gerações de resíduos (lixo) em tonelada e disposição (custos) para produção, recicláveis e especial
9.8 Custos de transporte interno e externo
PARTE III: MELHORES PRÁTICAS
1. Descrever as abordagens inovativas, iniciativas de melhorias e práticas que são destaques no setor. Explore o tema eficiência no uso de recursos, incluindo metas e ações desenvolvidas.

>> Anexo F
Indicadores do SIMAP Competitivo e Dados para Composição

#	Indicador	Dados
1	Rentabilidade das Vendas (lucro líquido)	(D1/ D2) * 100
2	Rentabilidade das Vendas (lucro antes dos impostos e taxas)	(D3 / D2) * 100
3	Rentabilidade do Capital Investido (%) (do inglês ROCE)	[D3 / (D4 + D5 + D6)] * 100
4	Rentabilidade do Ativo Líquido (%) (do inglês RONA)	[D3 / (D7 − D8 − D9)] * 100
5	Rentabilidade do Ativo Total (%) (do inglês ROTA)	(D3 / D7) * 100
6	Custos de Recursos Humanos / faturamento (%)	(D10 / D2) * 100
7	Valor agregado / faturamento (%)	[(D2 − D11) / D2] * 100
8	EBITDA	D1 + D20 + D17 + D21
9	Margem EBITDA (%)	(D1 + D20 + D17 + D21) / D2
10	Rentabilidade do Patrimônio Líquido (%) (do inglês ROE)	[D1 / (D6 − D1)] * 100
11	Rentabilidade do Ativo (%) (do inglês ROA)	D3 / (D7 − D1) * 100
12	Liquidez Corrente	(D12 + D13 + D14 + D15) / (D8 + D9 + D16)
13	Índice de liquidez imediata (teste ácido) (%)	(D12 + D14 + D15) / (D8 + D9 + D16)
14	Prazo Médio de Pagamento (dias)	(D8 / D2) * 365
15	Prazo Médio de Recebimentos (dias*)	(D12 / D2) * 365
16	Giro de capital de trabalho (*working capital turnover*)	D2 / [(D12 + D13 + D14) − (D8 + D9)]
17	Ativo líquido (caixa) / faturamento (%)	(D14 / D2) * 100
18	Cobertura de juros (EBIT sobre juros)	D3 / D17

#	Indicador	Dados
19	Cobertura de juros (EBITDA sobre juros)	(D1 + D20 + D17 + D21) / D17
20	Grau de Endividamento	[(D16 + D4) / D6] * 100
21	Valor Ponderado de Grandeza	(0,5 * D6) + (0,4 * D24) + (0,1 * D1)
22	Endividamento geral (%)	[(D8 + D9 + D16) + (D4 + D5) / D22] * 100
23	Endividamento de longo prazo (%)	[(D4 + D5) / D22] * 100
24	Capital de giro	D6 – D25
25	Capital circulante líquido	(D12 + D13 + D14 + D15) - (D8 + D9 + D16)
26	Liquidez Geral (Exame)	(D12 + D13 + D14 + D15) + (D25 + D23) / (D8 + D9 + D16) + (D4 + D5)
27	Crescimento (ou variação) do EBITDA	[(D1 + D20 + D17 + D21) – (D1a + D20a + D17a + D21a) / (D1a + D20a + D17a + D21a)] * 100
28	Variação de lucro (%)	[(D1 – D1a) / D1a] * 100
29	Aumento do lucro antes do imposto e taxas (%)	[(D3 – D3a) / D3a] * 100
30	Crescimento das Vendas (%)	[(D2 – D2a) / D2a] * 100
31	Aumento do custo de pessoal (%)	[(D10 – D10a) / D10a] * 100
32	Lucro antes de Imposto por Empregado	(D3 / D18) * 1000
33	Vendas e Prestação de Serviços por empregado	(D2 / D18) * 1000
34	Valor Adicionado Bruto por empregado	(D2 – D11) / D18 * 1000
35	Exportação sobre faturamento (%)	(D19 / D2) * 100

>> Anexo G
Dados para Composição dos Indicadores, Fontes e Conceitos

Dado	Descrição	Fonte	Conceito
D1	Resultado (lucro/prejuízo) líquido do exercício	DRE	Valor final restante colocado à disposição do(s) proprietário(s).
D1a	Resultado (lucro/prejuízo) líquido do exercício no ano anterior	DRE	
D2	Receita líquida	DRE	Corresponde ao valor total de vendas deduzidos os impostos sobre vendas como ICMS, IPI, descontos e abatimentos, devoluções de mercadorias
D2a	Receita líquida no ano anterior	DRE	
D3	Lucro antes dos impostos e taxas (lucro operacional)	DRE	Lucro gerado pelos ativos da empresa na consecução da atividade-fim da empresa. Também chamado de Lucro Antes do Juro e do Imposto (LAJI)
D3a	Lucro antes dos impostos e taxas no ano anterior	DRE	
D4	Empréstimos e financiamentos (a longo prazo)	BP	Empréstimos (e financiamentos) cujo vencimento ocorrerá após o término do exercício seguinte ao encerramento
D5	Outros passivos a longo prazo	BP	Obrigações não constantes em Empréstimos e Financiamentos de longo prazo
D6	Patrimônio líquido (capital próprio)	BP	Recursos próprios da empresa: capital investido e lucros do exercício que não foram distribuídos entre os sócios
D7	Ativo total (imobilizado + estoques + valores a receber)	BP	Refere-se a Imobilizado, Estoques e Valores a receber
D8	Obrigações a curto prazo (contas a pagar)	BP	Refere-se a Fornecedores, Impostos, taxas e contribuições, Salários a pagar, Dividendos a pagar e Provisões

Dado	Descrição	Fonte	Conceito
D9	Outros passivos de curto prazo	BP	Dívidas não constantes em empréstimos e financiamentos de curto prazo
D10	Pessoal e encargos	DVA	Salários e encargos com colaboradores
D10a	Pessoal e encargos no ano anterior	DVA	
D11	Materiais consumidos (matéria-prima, insumos, componentes)	DVA	Representa os custos incorridos em seu processo de fabricação referente à matéria-prima, insumo e componentes
D12	Valores a receber (Contas a receber)	BP	Todos os valores recebíveis a curto prazo
D13	Estoques (matéria-prima, em processo e acabados)	BP	Representa o montante apurado nos inventários da empresa
D14	Caixa e bancos e títulos de negociação imediata (ativo líquido)	BP	Constituído pelas disponibilidades imediatas da empresa como dinheiro em caixa, cheques recebidos (e não depositados), saldo dos depósitos bancários movimentáveis a vista e aplicações financeiras de liquidez imediata
D15	Outros valores a curto prazo a receber	BP	Ativos que não constam nos ativos de curto prazo
D16	Empréstimos e financiamentos (a curto prazo)	BP	Empréstimos (e financiamentos) com vencimento até o final do exercício social seguinte ao encerramento do balanço
D17	Despesas financeiras (juros a pagar)	DRE	Juros a pagar como empréstimos, financiamentos e encargos de mora.
D17a	Despesas financeiras (juros a pagar) no ano anterior	DRE	
D18	Colaboradores	-	Quantidade de colaboradores da empresa
D19	Exportação	-	Valor do faturamento advindo das exportações
D20	Provisão para imposto de renda e contribuição social	DRE	Impostos apurados deduzidos do lucro
D20a	Provisão para imposto de renda e contribuição social no ano anterior	DRE	
D21	Retenção (Depreciação, amortização e exaustões)	DVA	Valor subtraído do imobilizado tangível devido a perda do valor por uso, tempo, desgaste, obsolescência
D21a	Retenção (Depreciação, amortização e exaustões) no ano anterior	DVA	

Dado	Descrição	Fonte	Conceito
D22	Ativo total	BP	São os recursos da empresa mantidos na expectativa de que possam gerar benefícios econômicos futuros como valores em caixa, valores a receber, estoques, despesas antecipadas, investimentos, imobilizado e intangíveis
D23	Créditos diversos (a longo prazo)	BP	Direitos da empresa recebíveis após o término do exercício seguinte ao encerramento do balanço: vendas a prazo, títulos e valores imobiliários adquiridos, adiantamento/empréstimo realizado para as empresas coligadas e outros créditos
D24	Receita bruta de vendas e serviços	DRE	Valor nominal total das vendas antes de qualquer dedução (desconto) como desconto por motivo de defeito, devolução e imposto sobre venda
D25	Ativo permanente (investimento, imobilizado e intangível)	BP	Corresponde a Investimento (direitos que não se destinam à manutenção das atividades da empresa como ações em outras empresas, terrenos, obras de arte etc), Imobilizado (bens que se destinam ao funcionamento normal da empresa como prédios, terrenos, máquinas, equipamentos, mobília etc) e intangível (bens de propriedade industrial ou comercial como direitos autorais, patentes, marcas etc)

>> Lista de Conteúdos

3M	IPK
Análise de Correlação	IZB
APQC	Malcolm Baldrige Award
AT&T	Medidas de Desempenho
Bdmindex	Melhores Práticas
Bencharking interno	Método
Benchlearning	Método de cinco fases
Benchmark	Método de quatro fases
Benchmarking de Desempenho	Método Genérico
Benchmarking de Processo	Metodologia
Benchmarking de Produto	Microscope
Benchmarking Estratégico	Modelo
Benchmarking Externo	Modelo Clássico
Benchmarking Genérico	Modelo Integrado
Benchmarking Industrial	Monitoramento
Benchmarking Integrado	OEE
Benchmarking index	padrão
Benhmarking do Capital Intelectual	Partes por milhão (PPM)
Boas Práticas	PDCA
BSC	Performance
Centros de Benchmarking	Perspectivas
Classe Mundial	PMEs
Competitivo	Prêmios da qualidade
Consorcial Benchmarking	
Critérios	
Desempenho	PROBE

EFQM	Processos Internos
Empresarial	Questionários
Engenharia Reversa	Relação causa-efeito
Estrutural	satisfação de clientes
Ética	Spendolini
Excelência Empresarial	Tipos de Benchmarking
Ferramentas	Toyoda Kiichiro
Funcional	Xerox
GBN	
Gerações do Benchmarking	
Indicadores	
Indicadores de Desempenho	
Indicadores de Gestão	
Indicadores Financeiros	
Índices da Gestão de Pessoas	
Índices da Inovação	
Índices da Produtividade	
Índices da Satisfação	
Índices da Satisfação do Cliente	
Índices de Rentabilidade	
Índices do Crescimento Financeiro	
Índices dos Fornecedores	
Índices dos Investimentos	
Índices Financeiros	